Marie-Johanne Croteau-Meurois

Chroniques de l'Invisible

Rencontres avec l'Au-delà et ses manifestations

Préface de Daniel Meurois

Éditions Le Passe-Monde
Québec

*** De Daniel Meurois et Marie Johanne Croteau, aux Éditions Le Passe-Monde**
Le nouveau grand livre des thérapies esséniennes et égyptiennes
Méditations et pratiques de sagesse

*** De Marie Johanne Croteau, aux Éditions Le Passe-Monde**
Le don du souffle... *De la Galilée à la Camargue, une disciple du Christ raconte...*
Ces âmes qui nous quittent... *12 récits véridiques venus de l'Au-delà*
Le portail des elfes... *souvenirs d'ailleurs*

*** De Daniel Meurois, aux Éditions Le Passe-Monde**
Les Apocalypses de Jean... *D'Éphèse à Patmos, il y a deux fois mille ans*
Le livre secret de Jeshua... *La vie cachée de Jésus selon la Mémoire du temps T 1*
Le livre secret de Jeshua... *La vie cachée de Jésus selon la Mémoire du temps T 2*
Le Chamane et le Christ... *Mémoires amérindiennes*
Le labyrinthe du karma... *Déchiffrer et comprendre notre contrat d'âme*
Les 108 Paroles du Christ... *108 perles de sagesse pour le temps présent*
Advaïta... *libérer le Divin en soi*
La Médecine des 3 ¨S¨... *Sexualité, Sensualité, Spiritualité*
Le Testament des trois Marie... *trois femmes, trois initiations*
Il y a de nombreuses demeures... ***à la découverte des univers parallèles***
Les Annales Akashiques... *Portail des mémoires d'éternité*
Les Maladies karmiques... *Les reconnaître, les comprendre, les dépasser*
Ce qu'Ils m'ont dit... *Messages cueillis et recueillis*
François des Oiseaux... *Le secret d'Assise*
Visions esséniennes... *Dans deux fois mille ans*
La méthode du Maître... *Huit exercices pour la purification des chakras*
Ainsi soignaient-ils... *Des Égyptiens aux Esséniens...*
Comment dieu devint Dieu... *Une biographie collective*
La Demeure du Rayonnant... *Mémoires égyptiennes*
Vu d'en haut... *Rencontre avec la Fraternité galactique*
L'Évangile de Marie-Madeleine... *Selon le Livre du Temps*
Louis du désert – *Texte intégral (T1 et T2)... Le destin secret de Saint Louis*
Le Non désiré... *Rencontre avec l'enfant qui n'a pas pu venir...*
Ce clou que j'ai enfoncé... *À la reconquête de l'estime de soi*
Les enseignements premiers du Christ... *À la recherche de Celui qui a tout changé*

*** De Daniel Meurois en collaboration avec A. Givaudan, aux Éditions Le Passe-Monde**
De mémoire d'Essénien... L*'autre visage de Jésus*
Chemins de ce temps-là... *De mémoire d'Essénien tome 2*
Récits d'un voyageur de l'astral... *Le corps hors du corps...*
Wesak... *L'heure de la réconciliation*
Le voyage à Shambhalla... *Un pèlerinage vers Soi*
Le peuple animal... *L'âme des animaux*
Les Robes de Lumière... *Lecture d'aura et soins par l'Esprit*

*** Aux Éditions S.O.I.S. également de D. Meurois en collaboration avec A. Givaudan**
Terre d'émeraude... *Témoignages d'outre-corps*
Par l'esprit du Soleil
Les neuf marches... *Histoire de naître et de renaître*
Chronique d'un départ... *Afin de guider ceux qui nous quittent*
Celui qui vient
Sois... *Pratiques pour être et agir*
Un pas vers soi... *Sereine Lumière*

*

Couverture : *Adaptation d'une œuvre d'Iwona Plodlasinka - Water Lady*
Maquette du texte : Marjorie Patry
 ISBN : 978-2-923647-80-7

Je dédie ce livre à ma douce Mouffe,
mon adorable chatte partie trop vite un soir d'août,
et à celui que j'ai nommé le Passionné.

Un énorme merci à Daniel…
pour sa présence tendre
et son soutien dans ma vie

Éditions le Passe-Monde
C.P. 1002, 1015 Bd du Lac, Lac-Beauport, (QC) Canada G3B 0A0
passe-monde@ccapcable.com
https://www.facebook.com/Mjcroteaumeurois/

Préface

par Daniel Meurois

Voici un livre qui ouvrira bien des portes à celles et ceux qui osent se poser de vraies questions non seulement sur le sens de la vie et de la mort mais aussi sur ces mondes que l'on dit invisibles et qui s'interpénètrent constamment tout en cotoyant le nôtre…

Un domaine fascinant qu'il n'est cependant pas facile d'aborder en mots à la fois simples et profonds. C'est pourtant ce qu'a réussi à faire Marie-Johanne Croteau avec ce nouvel ouvrage, le sixième, qui s'avère être bien plus qu'un prolongement à "Ces âmes qui nous quittent".

Je dis *bien plus* qu'un prolongement car c'est vers des horizons de natures très diverses qu'il se déploie à la manière d'un éventail. Il nous amène en effet à mieux pénétrer l'essence des espaces hologrammiques qui accueillent les êtres humains que nous sommes au-delà de leur mort tout aussi bien qu'au long de leur chemin de vie.

En fait, il nous parle de ces sortes de ¨lignes téléphoniques¨ et de ces portails multidimensionnels qui se révèlent parfois à nous de manière inattendue comme pour nous inviter à une extraordinaire expansion de conscience.

Chacun des témoignages strictement authentiques qu'on y découvre en devient alors une leçon de vie dans la mesure où ils constituent tous les pièces d'un puzzle qui nous enseigne une évidente sagesse en même temps qu'ils répondent à une multitude de questions. Une occasion de s'émerveiller et de vouloir en savoir toujours davantage sur l'immensité de ce que, personnellement, j'aime appeler ¨le Vivant¨.

Au fil des mois, j'ai assisté à la naissance de cet ouvrage, j'ai vu de quelle façon la rédaction et l'assemblage de tous ses chapitres ont plongé Marie-Johanne Croteau dans une véritable introspection à la recherche d'une vérité toujours plus précise dans ses détails.

Je peux donc affirmer que cela a représenté une tâche compassionnelle d'une grande humilité, loin de tout sensationnalisme, constamment en quête du bon mot, de la bonne expression capables de traduire les notions de respect et de sacralité… Une sorte de défi dans des circonstances quelquefois délicates et souffrantes en regard de certaines personnes évoquées qui sont encore parmi nous mais dont les noms, bien sûr, ont été modifiés.

Pour ma part, je suis persuadé que toutes celles et tous ceux qui ont du cœur, qui n'hésitent pas à conjuguer au présent le verbe aimer et qui ne craignent pas de remettre en cause les formatages de notre société vis-à-vis de l'âme, de l'esprit et de leur destination seront sensibles à cet ouvrage qui est très loin d'être anodin.

Daniel Meurois

Avant-propos

Alors… Y croire ou pas ? En abordant ce genre de thème, celui de l'Au-delà, de l'Invisible, du ¨surnaturel¨ ou de ¨l'inexpliqué¨, il est très rare d'échapper à une telle interrogation.

Le témoignage que constituent les pages à venir ainsi que les informations qui l'accompagnent n'ont pas pour intention de chercher à nourrir une polémique. Je vous les présente comme le simple résultat de mon vécu.

Ainsi que vous le verrez, il s'agit d'un vécu presque quotidien qui me pousse tout naturellement à affirmer l'existence de nombreux espaces de vie qui échappent à nos sens classiques. Je vous en livre donc ma compréhension afin d'aider celles et ceux pour qui la mort et l'Invisible sont de perpétuelles sources de questionnements, de fascination mais sont aussi souvent teintées d'angoisses et de peurs.

L'humain préfère rejeter, ignorer, voire ridiculiser ce à quoi il ne peut apporter d'explications et encore moins de preuves scientifiques. Ah ! ces fameuses preuves qui ne sont que trop souvent l'axe principal sur lequel on tourne en rond.

Rappelons-nous avant tout cet adage bien connu : *« Absence de preuve n'est pas preuve d'absence »*. Ces quelques mots ne sont-ils pas très éloquents ?

En ce premier quart du XXIème siècle n'en sommes-nous pas encore au stade zéro de la portée de ce qu'ils signifient ? Nous n'avons pas avancé quant aux horizons auxquels ils invitent et il est navrant de constater que l'idée même de la mort, du concept de *mourir,* tourmentent toujours notre humanité au point que celle-ci veuille de plus en plus leur tourner le dos. ¨Vieillir¨ devient un épouvantail et même une sorte de tare…

Écrire un second livre sur mes expériences de contact avec l'Au-delà ou encore avec les Mondes parallèles demeure donc une entreprise hasardeuse… mais j'ai trouvé l'exercice malgré tout nécessaire. Comme le précédent, il n'a pas pour but de convaincre. Il y a longtemps que j'ai compris que c'était inutile car il faut d'abord faire de la place en soi pour s'ouvrir aux mondes de l'Après-vie et cette ouverture, nul ne peut la forcer.

Je choisis donc de poursuivre ma route enseignante dans cette direction afin d'aider à pousser les portes des consciences qui se montrent prêtes à concevoir l'existence d'autres réalités.

J'ai la conviction que nous portons tous en nous la perception intuitive de l'Invisible et qu'il va nous falloir enfin l'admettre puis le comprendre pour cesser de dresser une muraille infranchissable entre nous et ce qui nous fait peur. Ce qui représente aujourd'hui un obstacle intérieur pour beaucoup d'entre nous doit absolument pouvoir être transformé en un tremplin de croissance.

« *Le savoir d'aujourd'hui peut devenir le conte de fées de demain et inversement, le mythe le plus risible peut éventuellement devenir un élément très solide de la science.* » écrivait fort justement le philosophe des sciences Paul Feyerabend.

Si, pour la plupart d'entre nous en Occident, il n'y a pas de plus grand mystère que celui de la mort, cela se vérifie quelles que soient les cultures et les croyances car, au-delà d'elles, demeure malgré tout la peur de notre ¨*finitude*¨, autrement dit de la vanité de notre vie telle que nous la comprenons.

Pourquoi tant d'angoisse ? Pour deux raisons majeures :

Tout d'abord parce que l'humain ne croit *pas vraiment* en ce à quoi il dit croire. Ensuite parce qu'il est la plupart du temps incapable d'envisager une dimension de la vie qui ne serait plus palpable et qui, si elle lui était révélée, le mettrait face à son vide intérieur.

Cela m'a amené à en déduire qu'il existe par conséquent en nous deux types de peur en rapport avec deux blessures fondamentales : La blessure d'incohérence et la blessure d'orgueil.

L'incohérence à cause de notre incapacité à intégrer ce qu'implique logiquement l'adhésion à une foi, à une conviction ou à une prise de position quelles que soient celles-ci…

Et ensuite l'orgueil car accepter d'enlever nos vieilles œillères pour passer en revue nos probables conditionnements demande de l'humilité et un lâcher-prise total.

Considérer différemment notre monde matériel, accepter l'idée de devoir faire un jour le deuil de nos attachements, de nous arracher à nos proches et bien davantage pour plonger vers ¨autre chose¨ de beaucoup plus grand… c'est difficile.

Je l'ai si souvent observé auprès d'âmes en partance ! Mourir, c'est pour beaucoup traverser un grand désert… parfois avec des souffrances, parfois sans… Mais quel tout autre sens, quelle toute autre valeur pourrait prendre une telle traversée si chacun comprenait qu'elle mène à un véritable ¨continent¨ d'espoir !

Le franchissement du seuil d'un tel continent plus éthéré et plus léger est d'abord bien sûr spontané chez tous ceux qui lui ouvrent leur conscience et qui ne le renient pas d'emblée. Hormis la nécessité de laisser une famille terrestre et quelques biens matériels, mourir représente alors un voyage vers des horizons qui hâtent la floraison de l'âme au sens large et commun du terme.

Oui… car nous sommes avant tout des âmes qui, de métamorphoses en métamorphoses, d'existence en existence, sont appelées à travailler leurs manques afin de voler toujours plus haut et plus loin.

Une chose est pour moi aujourd'hui évidente : En ce qui concerne la mort, les religions semblent avoir failli à leur mission puisqu'elles ne donnent pas ou très peu d'informations relatives à ce domaine, c'est-à-dire sur la véritable nature de notre âme, sur ses phases de transition, son évolution dans d'autres mondes… puis de vies en vies.

Si certaines s'y essaient - surtout orientales - c'est en termes souvent complexes ou symboliques qui nécessitent de véritables études et qui ne touchent que très rarement le cœur.

Parfois elles le font aussi en termes énigmatiques ou inquiétants, voire menaçants - comme dans le Judaïsme, le Christianisme et l'Islam - en entretenant une vision très dualiste de l'ordre du monde : Ce sera la récompense ou le châtiment.

Voilà donc… Je le répète, ce livre n'est certainement pas consacré à vouloir inculquer quoi que ce soit à qui que ce soit. Il entend simplement témoigner des métamorphoses de la vie telles que je les ai depuis fort longtemps côtoyées au quotidien, la plupart du temps sans en parler et surtout sans faire le moindre bruit.

Qu'on n'y voit donc pas une sorte d'argumentaire dont les éléments seraient de toute façon combattus par ceux qui, forcément, ¨savent¨ sans seulement avoir ¨connu¨…

J'ai l'habitude d'être confrontée aux sourires narquois et ceux-ci m'indiffèrent désormais puisque j'ai pris le parti de ne plus m'adresser qu'à ceux qui ont le cœur ouvert et l'humilité de vouloir en apprendre un peu plus sur les secrets de l'âme humaine… non pas dans la seule intention de se rassurer mais pour grandir en conscience.

Marie-Johanne Croteau-Meurois

Chapitre I

Un tour d'horizon

On l'aura compris, ce livre n'a certainement pas la prétention de résoudre la question de la mort et ses mystères. Il espère cependant fournir à ceux qui ont l'esprit ouvert des points de repère, des bases de réflexions sérieuses et structurées, libres de toute appartenance.

Pour cela, j'ai tenu à l'assortir de témoignages et d'expériences vécues par l'intermédiaire de mes propres voyages hors-corps sur le ¨continent des défunts¨ ou par les récits de ceux qui sont venus se manifester à moi après leur décès et que j'ai ainsi pu aider dans leur progression.

Mon intention première, je l'ai dit, est de faire reculer la peur, cette peur qui fige toute possibilité d'avancement, cette grande ¨obscurcisseuse¨ et esclavagiste…

Pour cela et avant toute considération, la première chose qui me paraît importante est de développer un langage clair, synthétique, facilement assimilable afin d'éliminer la ¨pagaille mentale¨ qui règne toujours à ce propos dans notre société.

Dans ces pages, j'entends cependant m'adresser surtout à ceux qui sont de culture judéo-chrétienne, non seulement parce que c'est la mienne mais parce que c'est celle où je perçois le plus de souffrances puisqu'elle est plombée par un matérialisme outrancier.

J'ajouterai aussi que c'est parce qu'elle me semble presque totalement vide d'informations porteuses de vraies réflexions et d'espoirs. Ce choix ne m'empêchera pas d'utiliser au besoin quelques termes issus des cultures hindouiste et bouddhiste parce que celles-ci sont très riches en données de nature spirituelle et métaphysique, plusieurs fois millénaires.

Globalement, nous partirons de la constatation que la culture judéo-chrétienne qui est la nôtre aborde l'Après-vie en divisant celle-ci en trois zones distinctes : L'Enfer, le Purgatoire et le Paradis autrement dit l'Obscurité, la Pénombre et la Lumière. Je suis bien sûr consciente que cette culture ne constitue pas un ¨tout¨ uniforme ou monolithique puisqu'il y a des différences notables entre l'Église catholique, l'Église réformée, les Églises orthodoxes, puis les Églises copte et maronite, toutes tendances confondues. À ma connaissance, celles-ci laissent en effet notamment apparaître des désaccords au sujet du Purgatoire puisque l'existence de celui-ci n'est pas reconnue par toutes.

En cherchant un peu, j'ai remarqué que cette classification est toutefois bien plus orale qu'écrite. Notre culture collective aborde effectivement la question de la mort de façon vague, schématique et même caricaturale.

Parmi les Catholiques, encore officiellement majoritaires, qui ne se souvient pas de Saint Pierre détenant les clés du Paradis et qui, sur son nuage, fait le ¨tri¨ entre les bons et les méchants ?

Rien n'y est enseigné sur le fond, le comment et le pourquoi. Pour quelles raisons ? J'en vois plusieurs...

En premier lieu parce que les prêtres ne sont pas formés en ce sens et ne peuvent enseigner ce qu'ils ignorent eux-mêmes. Pourquoi ne sont-ils pas formés ? Parce que la connaissance s'est perdue et que, si on l'a laissée se perdre, c'est parce que l'ignorance fait naître la crainte et que la crainte prédispose à la soumission. « Obéissez et vous serez sauvés ! » Mais sauvés de quoi au juste ?

Afin de bien comprendre ce que peuvent représenter ces zones appelées sommairement Enfer, Purgatoire et Paradis, je vous propose que nous les décodions ensemble et que, d'une certaine façon, nous les visitions avant que je puisse en témoigner par mes expériences personnelles... Des expériences issues, je le rappelle, du vécu accumulé lors des accompagnements d'âme que j'ai effectués de l'autre côté du voile et qui serviront donc de bases de réflexion et de maturation.

Pour aborder correctement ces notions, je crois qu'il est sans doute primordial de bien comprendre ce principe que l'on appelle toujours très vaguement ¨l'âme¨.

Mes propres expériences ainsi que celles de nombreux ¨sensitifs¨ et mystiques libres de toute appartenance me font affirmer que l'âme est avant tout une réalité d'ordre vibratoire générée par ce qu'on nomme ¨la conscience¨... une autre réalité d'ordre vibratoire dont le cerveau n'est pas la demeure - ainsi que beaucoup le pensent encore - mais le relais.

En amont de l'âme, la conscience est évidemment par nature extra corporelle. On peut peut-être la concevoir comme un champ énergétique propre à chaque individu. Par l'intermédiaire de l'âme, le corps physique est dès lors son outil d'expression, celui auquel nous nous assimilons.

Il y a bien inévitablement plusieurs niveaux de manifestations de ce qu'on peut appeler le ¨*Principe Âme / Conscience*¨. Pour en admettre l'évidence, il suffit de constater l'infinie diversité des êtres humains et de leurs comportements et croyances.

Pour ne parler que de l'âme et de la personnalité que celle-ci abrite nécessairement, j'ajouterai qu'elle est une *réalité vibratoire ¨multicouches¨* notamment nourrie par l'aspect animal - ou pulsionnel - de l'être, puis par ses aspects émotionnels, affectifs, mentaux, causaux et enfin spirituels. De tels aspects sont bien sûr développés de manières très diverses d'une personne à l'autre et dans des proportions infiniment variables.

Partant de ces informations, on peut mieux comprendre que c'est en fonction de ces caractéristiques, aspects, ou encore ¨couches de données vibratoires¨ que l'âme d'un décédé va tout naturellement être aimantée par ces espaces eux-mêmes vibratoires qu'on nomme globalement Enfer, Purgatoire et Paradis. Il s'agit d'un phénomène d'attirance et de ¨compatibilité¨.

Ne dit-on pas : *Ce qui se ressemble s'assemble* ?

Je préfère dores et déjà l'affirmer de façon claire : Enfer, Purgatoire et Paradis ne sont pas à comprendre comme étant des ¨lieux¨ au sens classique du terme mais comme des ¨sphères énergétiques¨ générées et entretenues par des niveaux de conscience (ou états d'âmes) qui sont apparentés les uns avec les autres. Il est extrêmement important de bien comprendre cette notion de ¨niveau de conscience¨ car elle est une des clés de la bonne assimilation de tout ce que je vais développer.

Tout d'abord, il faut réaliser que chaque niveau de conscience n'est pas fixe ou statique. Il est forcément susceptible d'évoluer puisque nous sommes tous des êtres en mouvement. En conséquence, il existe une certaine porosité entre ces mondes qu'on peut considérer comme des ¨espaces mentaux¨ dans la mesure où ils traduisent et mettent en scène les projections des différents états atteints par chaque conscience.

Si on comprend bien tout ce que cela induit, nous sommes amenés à découvrir ceci: Il peut y avoir autant d'enfers, de purgatoires et de paradis qu'il y a de types de niveaux de conscience... ou d'inconscience, puisque de maturités d'âme. Chacun de ces espaces - qui n'est pas séparé de l'autre par une barrière - est dès lors analogue à un hologramme plus ou moins collectif généré par des ¨familles humaines¨ ayant globalement la même sensibilité d'être.

Avant de nous pencher en détails sur la notion d'Enfer... puisqu'on a toujours tendance à commencer par le bas, essayons d'abord de comprendre à quoi fait allusion la notion de Purgatoire prônée notamment par les Catholiques car celui-ci est l'espace vibratoire dont ¨les portes d'accès¨ s'ouvrent le plus automatiquement. Pourquoi cela?

Parce que l'immense majorité des êtres humains que nous sommes - reconnaissons-le! - ont des vies et des aspirations plutôt médiocres. Je veux dire essentiellement centrées sur leur personne, leur cercle affectif, ne faisant la plupart du temps ni vraiment de bien ni vraiment de mal. Sans surprise donc, ces humains vivent ainsi selon les schémas d'auto-protection et de préservation d'un certain mode de vie et de croyances. Sans vouloir être irrévérencieux, ils forment ¨un troupeau de moutons ou de brebis¨ dont la tradition chrétienne affirme que le Christ est le Bon Pasteur.

Il s'agit de la même collectivité passive dont *Krishna* est désigné comme étant le guide dans l'Hindouisme. Souvenons-nous que le premier nom de *Krishna* est *Govinda* ce qui signifie ¨*Le Gardien de vaches*¨.

Évidemment, dans un tel contexte, il n'y a rien de péjoratif dans ces appellations qui finalement ne font allusion qu'à la collectivité humaine et aux guides qui se présentent successivement à elle.

Chapitre II

Les mystères du ¨Purgatoire¨

On s'en doute, à l'origine du terme Purgatoire, il y a le mot purge. Une sonorité qui, à elle seule, induit une inquiétude voire une peur, puisqu'une purge est d'abord comprise comme une punition, une expiation avant d'être perçue comme une purification, un principe beaucoup plus constructif.

En bref, dans notre culture, le Purgatoire - même si on sait qu'il n'est pas accepté par tous de la même façon - est assimilé à un lieu de sanctions. On y accède en fonction de notre ¨feuille de route¨... jusqu'à ce que la Volonté Divine, dans Sa clémence, nous délivre ¨un jour¨ un ¨visa¨ de sortie.

Une caricature ? À peine pour un certain nombre de croyants traditionnalistes. Certes, ce n'est pas l'Enfer dont on n'est pas supposé pouvoir sortir mais cela reste néanmoins une zone pénible et floue qui nous invite, selon l'expression, à ¨méditer sur nos vieux péchés¨.

Sur la base de ce que j'ai résumé plus haut, qu'en est-il dans les faits puisque, souvenons-nous-en, ce fameux Purgatoire n'est en aucun cas un lieu appartenant à une sorte de géographie invisible mais simplement un espace psychique.

Pour mieux aborder sa nature et sa fonction, il faut partir du *Principe de l'Analogie.* Celui-ci, on ne le dira jamais assez, est une clé majeure nous permettant de percevoir l'ordre logique selon lequel l'Univers s'organise, de l'infiniment petit à l'infiniment grand mais aussi de plus dense au plus subtil.

Selon ce très vieux texte initiatique appelé ¨La Table d'Émeraude¨, on énonce classiquement que *« Ce qui est en Haut est comme ce qui est en Bas »* mais on devrait toutefois ajouter que *« Ce qui est à l'Extérieur est à l'image de ce qui est à l'Intérieur »...* et réciproquement.

N'avez-vous jamais remarqué à quel point les vêtements que porte une personne reflètent sa personnalité, son état d'esprit, parfois son milieu social ou encore sa soumission à un contexte ? N'en est-il pas aussi de même du cadre de vie de cette personne ? Au-delà de l'aspect financier de la question, il y a le style de son ameublement, de sa décoration etc…

Bien sûr, des éléments extérieurs à sa personnalité peuvent influencer un tel cadre mais ceux-ci seront malgré tout des conditionnements acceptés.

L'extérieur reflète donc en grande partie l'intérieur, il en est le prolongement, la conséquence et la traduction.

De la même façon, notre environnement, notre cercle d'amis ou notre solitude, notre mode de vie tout entier expriment notre intériorité.

Eh bien... tout cela est encore plus vrai en ce qui concerne le monde qu'une âme se façonne lorsqu'elle franchit le portail de la mort. Pour comprendre un tel phénomène, il faut d'abord réaliser le fait que la pensée en tant que telle ne s'interrompt pas avec le franchissement de la ¨ligne de la démarcation¨ et que, dès lors, celui qu'on appelle le décédé ne se perçoit pas comme mort.

La persistance de la pensée entraîne inévitablement la continuité de la perception de soi. Autrement dit, la personnalité d'un défunt, sa perception de lui, ses habitudes et ses croyances le suivent et reconstruisent rapidement un décor qui correspond à tout cela.

C'est par conséquent l'autoformatage d'une âme qui va générer l'environnement, le cadre de son ¨après-vie¨ sur la base du principe de l'hologramme.

En d'autre-termes, la conscience qui habite une âme a le pouvoir créer automatiquement l'univers virtuel qui est à la mesure de celle-ci. On parle alors de ¨projection¨ ou de ¨concrétisation¨ d'un certain niveau de pensée et de sensibilité sur une certaine longueur d'ondes.

En ce sens, ce que l'on appelle communément Purgatoire n'est autre que la reproduction de ce qui habite la moyenne des êtres humains avec la continuité de leurs imperfections, de leurs questionnements, de leurs aspirations et, bien sûr, de leur besoin d'un certain confort.

Chacun y invente le ¨scénario et le film¨ de sa propre définition de la vie, avec ses appréhensions, ses habitudes et ses talents aussi, ses espoirs, ses amours et bien sûr ses nécessités de repos ou de ¨reconstruction¨.

Partant de cela, il est maintenant facile de comprendre que cet immense ¨espace vibratoire¨, cet hologramme collectif illimité est indéniablement constitué d'une multitude de couches également vibratoires. En fait, il y a autant de ces strates qu'il y a de modes de vie, de croyances, de sensibilités, d'idéaux et de cultures.

J'ai pu constater qu'on s'y retrouve donc par familles d'âmes, qu'on y poursuit des histoires inachevées, qu'on peut s'y consoler, y vivre des amours ou tout simplement y tourner en rond et y reproduire les mêmes schémas que dans notre existence charnelle. Tout y est forcément fonction de la maturité de chacun et de sa capacité à avancer intérieurement. On y retrouve bien sûr des enseignants, ceux que l'on appelle classiquement des Guides...

Comprenons aussi que les couches vibratoires qui constituent cette ¨bulle hologrammique¨ peuvent interférer ou communiquer entre elles par des sortes de ¨sas¨ énergétiques. De tels sas s'ouvrent ou se ferment en fonction de l'attraction que les âmes éprouvent entre elles. Ainsi, deux âmes qui s'étaient connues et appréciées de leur ¨vivant terrestre¨ mais qui n'avaient pas nécessairement le même développement intérieur, les mêmes intérêts ni le même mode de vie, peuvent-elles communiquer ou se retrouver en fonction de leurs liens affectifs ou émotionnels communs.

Ce sont toujours les liens du cœur et les affinités profondes qui génèrent les codes d'accès à ces sas. Inversement, lorsque des inimitiés n'ont pas été dépassées par des opportunités de prise de conscience, les âmes ne se rencontrent pas. Aucune porte vibratoire ne se manifeste alors. Elles vivent comme dans deux pays différents, analogiquement confrontées à leur refus de ¨s'écrire¨, de se ¨téléphoner¨ ou encore de se rapprocher en ¨vidéo-conférences¨. Autrement dit, elles demeurent face à leur incapacité d'établir des ponts entre elles puisque, dans une semblable ¨bulle virtuelle¨, les anciennes personnalités terrestres dominent toujours.

Ce que je perçois comme étant le Purgatoire est, en ce sens, un espace de travail sur soi en même temps qu'une zone de pause, de repos et de reconstruction.

Ce n'est *en aucun cas* une zone de punition mais un espace de possibles questionnements où la liberté d'avancer ou de stagner est comparable à celle proposée par la vie incarnée.

Je crois important de préciser que les paliers moyens et supérieurs dudit Purgatoire représentent un aspect du Paradis auquel aspirent la plupart des âmes des défunts car elles y connaissent une véritable quiétude. Ces paliers correspondent à leurs besoins énergétiques et à leurs idéaux les plus élevés. C'est vraisemblablement ce qui fait que le principe du Purgatoire n'est pas accrédité, par exemple, par l'Église protestante. Tout est une question de regard et d'appréciation.

Il existe un terme issu du Bouddhisme tibétain qui résume parfaitement ces notions. Il s'agit du mot *Bardo* ; celui-ci définit la totalité des espaces mentaux et émotionnels qui se manifestent entre la mort et la moment de la réincarnation.

Quelques questions et leurs réponses…

Comment se perçoit une âme dans l'univers ¨intermédiaire¨ que représente le Purgatoire ? À quoi ressemble-t-elle ?

Elle ressemble à ce qu'elle conçoit d'elle-même. Par exemple, tant qu'elle se pense malade ainsi qu'elle l'était peut-être sur Terre avant de mourir, elle va d'abord avoir tendance à prolonger cette sensation. Il faut donc parfois un certain temps pour qu'elle se réveille à elle et qu'elle se reconstitue telle qu'elle était au mieux lors de son ¨vivant¨.

À ce stade, tous les êtres se perçoivent *aussi charnels* que dans leur incarnation car le Purgatoire demeure encore un monde de matière relativement dense. Cela devrait nous inciter à repenser la notion de ¨matérialité¨ puisque lorsqu'on a accès à un monde dit subtil, ce subtil prend les apparences de cette densité qu'on appelle à tort le Réel.

Quand sort-on du Purgatoire ?

La réponse est analogue à celle qu'on peut concevoir pour la conclusion de la vie dans notre monde ; néanmoins, elle dépend beaucoup de la couche vibratoire atteinte par l'être et ¨son hygiène subtile¨. Je veux dire qu'elle résulte de la façon dont celui-ci pense sa vie.

J'ai remarqué qu'il peut s'y développer une certaine lassitude qui produit des absences ou des trous de conscience de plus en plus fréquents. Il peut s'y ressentir le besoin de retrouver une forme de densité appelant un autre type d'expériences, une attraction qu'on appelle ¨l'esprit de fer¨.

La maladie n'y existe pas sauf si l'âme stagne dans une strate vibratoirement encore très proche de celle de la matière terrestre où elle continue, par réflexe, de se penser toujours souffrante ou malade. Si cette incapacité à ¨monter¨ intérieurement, à aller plus loin et plus haut, une forme de sommeil s'installe alors en elle qui l'amène à se réincarner relativement rapidement.

Y reforme-t-on des familles ou des couples ?

Oui. L'ennui de l'autre ou des autres recrée des familles, des amitiés ou des vies de couple en fonction des affinités profondes, d'amours qui n'ont pas pu se concrétiser sur Terre ou qui ont été interrompues par diverses circonstances.

Ainsi le Purgatoire peut-il aussi bien être un lieu de consolation, de prolongement des attaches affectives, de satisfaction des désirs... que de circonstances où on tourne en rond. Consolations et épurations s'y côtoient.

Toutes les âmes ont-elles la perception du fait qu'elles devront, à un moment donné, reprendre un corps sur Terre ? En d'autres termes, la réincarnation est-elle une vérité, une évidence qui s'impose pour chacun dans un tel espace de vie ?

Non, absolument pas ! La conscience qui habite une âme avance à son rythme. Elle ne prend pas une soudaine altitude par le simple fait que le Portail de la mort est franchi. Elle conserve ses brumes et ses limitations tout comme ses atouts et ses forces.

Par exemple, un croyant de sensibilité catholique conservera celle-ci en fonction de son adhésion plus ou moins totale aux dogmes de sa religion.

Le voile de la liberté de penser, de croire et d'expérimenter par soi-même ne se déchire pas instantanément. Il perdure assez souvent jusqu'au retour dans un nouveau corps et une nouvelle personnalité qui ¨redistribueront les cartes¨ pour se confronter différemment au maître-enseignant qu'est la vie..

Tout cela signifie-t-il qu'on peut se réincarner sans avoir visité la sphère vibratoire supérieure correspondant à notre propre conception du ¨Paradis¨ ?

Bien sûr... Cependant, j'aimerais rappeler et bien faire comprendre qu'une âme peut aisément avoir l'impression d'avoir atteint son propre paradis même en étant toujours en ¨zone purgatoire¨. Tout est à l'image des concepts et des aspirations qu'elle a entretenus en elle.

Tout comme le Purgatoire de l'un n'est pas celui de l'autre, l'image qu'une âme se fait de l'idéal paradisiaque lui est tout à fait personnel. On parle de mises en scène intérieures individuelles, de marches que l'on gravit plus ou moins.

En Sanskrit, le mot *Kamaloka* définit assez bien la notion de Purgatoire, à la fois comme lieu de satisfaction des désirs et de purification de la conscience par des tâtonnements successifs. La notion d'une Matière instable y demeure constante. Dans ce contexte oriental, *kama* signifie corps et *loka*, lieu, zone ou espace.

Peut-on y entretenir des rancœurs ?

Oui, inévitablement... et c'est justement ce qui empêche toute âme-personnalité de gravir les ¨marches¨ des couches vibratoires qui pourraient lui révéler des horizons de plus en plus vastes. En réalité, il s'agit là de l'obstacle majeur à franchir pour le dépassement de seuils décisifs en vue d'une Lumière toujours plus libératrice.

Chapitre III

Les clefs du Paradis…

Ce qu'on nomme classiquement Paradis et qui se rapproche sommairement de ce que la langue sanskrite appelle *Dévachan* est, lui-aussi, un espace vibratoire. Cet espace ne se situe cependant pas dans la continuité automatique et linéaire de la ¨zone énergétique¨ du Purgatoire. Il est différent parce qu'il réclame un état de purification relativement avancé de l'être.

En effet, une âme n'accède à cette sphère de conscience que si elle a dépassé en elle la mécanique des réincarnations incontournables, si elle a résolu tous ses karmas personnels et donc généré en elle une pacification véritable et durable.

L'accès à cet état de la conscience dont la trame est faite d'une "Lumière vivante" se fait par la traversée d'une sorte de "mort" qui sous-entend une dissolution des personnalités inférieures et une métamorphose profonde.

Une transformation de cette ampleur s'opère par l'atteinte progressive puis par la maîtrise de cet état que les mystiques chrétiens appellent l'*extase*. Les Hindouistes et les Bouddhistes parleront quant à eux d'un état de *Samadhi*, bien que ce terme n'ait pas exactement la même signification pour ces deux Traditions.

Cette préparation, ce travail sur la conscience supérieure vise à l'union de l'être avec la Divinité intérieure, l'*Âtman* dont l'atteinte témoigne déjà d'un immense Accomplissement.

Une telle recherche de nature inévitablement mystique est basée sur l'expérimentation et la connaissance du fait que l'être doit éprouver puis épuiser tous les aspects et appétits de la vie sur un grand nombre de niveaux vibratoires différents qui, au fil des vécus suscitent des "enveloppes" plus ou moins affinées. Ces enveloppes sont celles du physique, de l'éthérique, de l'émotionnel, du mental, du causal etc...[1]

Lorsqu'une âme parvient à ce niveau de connexion avec l'*Âtman*, elle se dégage du mécanisme des

---

1. L'Hindouïsme parle dans ce cas de *Koshas*. Tout est donc *Koshas*, y compris dans le cas du Paradis-*Dévachan*, de la même façon que pour le Purgatoire. Un *Kosha* représente toujours l'outil d'une opportunité pour explorer la Vie dans son immensité.

incarnations non-volontaires, elle est par conséquent, nous l'avons vu, en capacité de franchir le sas menant au *Dévachan* ou, si on préfère, à un état d'éveil extatique de nature ¨paradisiaque¨ en tant que tel. D'où la notion de mort initiatique.

Cette mort peut se traduire par la rencontre et la fusion de cette âme avec sa ¨flamme jumelle¨, sa contrepartie féminine ou masculine, selon le cas.

L'union de ces deux pôles affranchit l'être de tous ses liens terrestres faisant de lui un Libéré, un Réalisé.

Une petite parenthèse toutefois... Pour les Orientaux, l'accession à cet état de Félicité appelé ¨Nirvana¨ peut se faire durant l'incarnation sans qu'il soit besoin d'attendre la mort du corps de chair. Un ¨corps de gloire¨ se manifeste alors, dégagé de certaines contingences matérielles, témoin d'une totale Libération.

Dans ce cas, on parle donc plus que jamais de l'atteinte d'un état de Supraconscience et non pas d'un lieu vibratoire comme dans ce qui a été évoqué précédemment.

Pour en revenir au *Dévachan* tel que l'Occidental parvient aisément à le concevoir, celui-ci pourrait être défini comme étant la ¨Demeure¨ où une âme trouve sa Félicité tout en poursuivant son chemin d'affinement et de transformation... Il ne faut pas perdre de vue que ce ¨Paradis¨ pour aussi lumineux qu'il soit, représente encore une étape psychique. Cela veut dire que lui aussi est amené à se transformer, à se sublimer puisqu'il est continuellement modelé par des états de conscience en mouvement.

Au fil des années, je n'ai cessé d'être étonnée par l'idée que se font du Paradis bon nombre de nos contemporains qui croient en l'Après-vie. Cette idée est généralement très puérile, aussi enfantine et figée que la représentation classique qu'ils se font de la notion de Dieu.

Un tel ¨Paradis¨ est globalement conçu de façon imagée et onirique comme un monde de repos total au cœur d'une nature idéalisée, un monde où les âmes vivent dans une sorte d'inactivité béate tout en côtoyant des Présences angéliques. Une vision du Bonheur qui ressemble souvent plus à une forme d'ataraxie qu'à autre chose…

Quelques questions et leurs réponses…

- L'accession à un espace tel que le Dévachan dispense-t-elle de l'obligation de se réincarner?

De l'obligation oui, du désir de le faire non. D'une manière générale, on ne peut cependant pas parler d'obligation à se réincarner mais d'une *nécessité* éprouvée et vécue par certains êtres. Il faut comprendre que dans cet espace une âme peut donc ressentir une sorte de devoir de Service qui fera naître en elle la volonté de travailler à nouveau dans une sphère de densité. Son choix d'incarnation sera cependant cette fois-ci totalement décidé par elle dans les conditions où elle se pensera utile à l'humanité terrestre… ou à une autre.

Autrement dit, lorsqu'un être a dissout son assujettissement personnel à la loi de Réincarnation, il fait souvent le choix d'un retour pour le Service à la Vie. Il revient alors en tant que Bodhisattva accompli pour guider l'humanité.

- Que penser du Paradis tel qu'il peuple l'imaginaire chrétien ?

Que sa perception est évidemment fort simpliste et témoigne d'une méconnaissance totale des réalités vibratoires de l'univers. La pénétration par une âme dans de ¨grands jardins de lumière¨ correspond à un hologramme créé collectivement dans n'importe quelle zone de ce que, dans un certain système de référence, on appelle l'Astral moyen ou supérieur.

Cette perception est amenée à se dépasser et à se dissoudre progressivement. Elle peut être nécessaire pour certaines âmes en tant qu'espace de réconfort, de recentrage, de reconstruction et de repos…. Mais dès que le repos devient léthargie ou assoupissement les feuilles des arbres de tout ¨grand jardin de lumière¨ prennent aussitôt les couleurs de l'automne. La Vie ne nous a pas été donnée pour dormir mais pour être son relai, à l'infini.

Chapitre IV

Les Demeures de l'ombre

À la lumière de ce qui vient d'être dit au sujet du Purgatoire et du Paradis, je vous invite maintenant à vous pencher sur ce que je préfère appeler les demeures de l'Ombre. En effet, le terme Enfer est chargé de tant de connotations religieuses, dualistes et définitivement punitives qu'il m'apparaît urgent de l'aborder d'une façon un peu plus ouverte qu'incarcérante.

Tout comme le Purgatoire, l'Enfer n'est aucunement un "lieu" mais un état visité par la conscience, un état qui, lui aussi, se compose d'une multitude de couches hologrammiques. Ce n'est donc pas un espace où une âme se rend et séjourne éternellement lorsqu'elle est, selon l'expression classique, chargée de noirceur.

Il faut donc le voir comme un ensemble de bulles vibratoires générées par les espaces sombres, les remords et les haines qui peuplent la conscience de celles et de ceux dont l'existence a été particulièrement lourde, voire plombée et obscure.

Ces sphères sont leur prolongement naturel logique mais ne correspondent absolument pas à une zone ¨intra-terrestre¨ semblable à une immense fournaise dont l'existence aurait été décrétée par le Divin.

Au même titre que le *Kamaloka* dont je vous ai ¨fait faire la visite¨ dans les pages précédentes, les Demeures de l'ombre sont donc la résultante d'un mécanisme reposant sur le Principe d'illusion que génèrent un certain nombre d'âmes désincarnées. Je dirais en fait que ce sont des espaces-mentaux d'autopunition que ne peuvent s'empêcher de créer et de s'infliger certains êtres.

Si ceux-ci s'attendent à y voir des flammes ainsi que l'imagerie populaire le suggère, elles y trouveront effectivement des flammes. Si elles sont persuadées y trouver des démons, leur psychisme en fera jaillir…

L'intérieur engendre l'extérieur jusqu'à le rendre tangible.

Un tel espace est-il la prison absolue et sans fin que certains, comme l'a fait Jérôme Bosch, nous dépeignent ? Bien sûr que non, même si la notion de temps ne signifie pas grand-chose et se fait parfaitement élastique dans toutes les sphères de l'Invisible.

L'âme qui visite un tel espace explore en fait ses propres démons intérieurs… mais comme toute visite, celle-ci n'est que passagère. La durée du séjour sera proportionnelle au ¨ménage¨ que l'être fera en lui-même.

Est-il seul et abandonné à lui-même pour entreprendre un tel nettoyage ? Non ! Comme au sein du *Kamaloka*, il existe dans les Demeures de l'ombre, des Guides, des accoucheurs, des passeurs. On ne parle pas encore ici d'instructeurs mais plutôt de sauveteurs, de déblayeurs qui se sont donné pour mission de faire naître de l'espoir et du pardon, donc des étincelles de lumière là où on a oublié qu'il existe un soleil. Il est évident que de tels passeurs d'âmes sont extrêmement matures et solides pour pouvoir s'immiscer dans ces mondes dont le niveau vibratoire est si bas qu'il ressemble souvent à des labyrinthes pour ceux qui y traînent, en quête de leur fil d'Ariane...

Le défi pour les ¨visiteurs de l'Enfer¨ est de s'extraire de la mémoire souffrante des attitudes ou des actes répréhensibles qu'ils ont générés. L'Amour qu'on peut leur offrir est le grand solvant de cette pénible mémoire. Tôt ou tard, avec l'aide d'¨accoucheurs¨ celui-ci agira, lavera et ouvrira les portes de leur prison.

Comment peut-on s'imaginer qu'il en soit autrement? Aucune Puissance ne juge, ni ne condamne qui que ce soit. Chacun est le fléau de sa propre balance... de même que chacun détient les clés de son *Kamaloka* personnel à la mesure de l'espoir qu'il s'autorise.

Le suicide

Vient maintenant la question du suicide. En effet, dans le contexte occidental si ce n'est mondial chez tous ceux qui adhèrent à une foi, la vie est considérée comme un don divin. Si le Divin seul peut l'offrir, Il est dès lors le seul à pouvoir disposer de la mort. Se donner soi-même la mort est par conséquent considéré comme une faute grave, voire un sacrilège qui appelle inévitablement une sanction. Dans notre société judéo-chrétienne très dualiste et punitive, c'est automatiquement l'Enfer. Voilà pour la version religieuse des choses, une version qui ajoute au désarroi des familles de ¨croyants¨ dont l'un des membres s'est donné la mort. Dieu est infiniment bon, compatissant et miséricordieux, si ce n'est que...

Mais au-delà du verdict classique et désespérant, qu'en est-il en réalité ?

Ceux qui m'auront suivie jusqu'ici auront déjà leur réponse ou du moins des éléments de réponse.

Sachant que nous franchissons le Portail de la mort avec notre niveau de conscience et notre état d'esprit, il est tout à fait logique et compréhensible de convenir que le suicide ne met pas fin au tourment et à l'égarement qui poussent une personne à commettre un geste fatal. Parlera-t-on d'Enfer pour autant ? Absolument pas !

S'il est évident que l'état psychique d'un suicidé continue de l'accompagner une fois la ¨ligne de démarcation¨ franchie, ce n'est pas pour autant que celui-ci demeurera enfermé dans ses peurs et ses souffrances, prisonnier d'un hologramme sans fin peuplé par le décor de ses croyances ou non croyances.

Son état d'errance psychique sera transitoire bien que sa durée variera en fonction de son bagage intérieur. Ce qui est certain, c'est qu'il y aura toujours une porte aimante qui lui sera proposée.

Il existe en effet des Guides de lumière dont la tâche est de dessiner puis d'ouvrir celle-ci dans la conscience d'un suicidé. Je les appelés plus haut les ¨accoucheurs¨. Leur but est d'y générer la notion d'espoir en induisant l'existence d'un horizon d'apaisement parce que de pardon. Ces guides - et j'insiste sur ce point - ne sont pas des ¨anges¨ tels qu'on les représente dans une certaine imagerie mais des êtres humains désincarnés ou toujours incarnés qui se sont donné cette mission par compassion ainsi que le ferait par exemple un véritable psychologue doublé d'un thérapeute.

Leur travail est un travail d'écoute profonde et de consolation. Il consiste, par l'amour qui les anime, à dissoudre le mur virtuel qu'a généralement construit autour de lui l'être qui s'est donné la mort.

Il me semble très important de préciser que l'attitude des proches du suicidé est loin d'être anodine dans un tel contexte. Leur désespoir, voire leur colère, n'aident en rien ni celui qui a commis le geste, ni les guides qui lui offrent leur aide. Encore une fois, si la peine et la douleur sont bien évidemment normales face à un tel départ et doivent être légitimement exprimées, une outrance dans leur expression, outrance souvent entretenue par un conditionnement religieux et l'ignorance des réalités de l'Invisible, est un frein à la libération d'une âme qui se trouve dans un difficile ¨transit¨. Celle-ci a avant tout besoin de la force de nombreuses pensées élevantes ou de prières véhiculant l'espoir, la douceur, la compréhension, le pardon... mais surtout pas de jugement !

La volonté de compréhension et d'apaisement de la famille et des proches sont toujours un outil majeur pour le recentrage et enfin le ¨sourire d'apaisement ¨de l'âme qui a décidé de partir.

La loi de la Vie l'appelle à s'envoler envers et contre tout.... Alors ne travaillons donc pas contre elle en plombant sa conscience par tout ce qui ne ressemble pas à de l'amour.

Le fameux ¨péché mortel¨...

Ceci m'amène tout naturellement à aborder la notion de ¨péché mortel¨ puisque le suicide est qualifié de tel par les différentes Églises qui ont modelé notre société occidentale. On pourrait longuement débattre de la notion de péché, en comparaison à celles de faute, d'erreur ou de manquement dont les implications psychologiques et spirituelles sont très différentes mais ce n'est pas le but de ma réflexion. N'entrons pas dans la théologie.

C'est plutôt autour de l'idée de ¨mortel¨ que je veux m'attarder un peu. En réalité qu'est-ce qui est définitivement ¨mortel¨ sinon le corps de chair ? Prétendre qu'un ¨péché¨ ou un manquement serait mortel pour l'âme, ce n'est ni plus ni moins que damner celle-ci, c'est-à-dire briser en elle tout espoir de pacification, de réconciliation et, pour tout dire, de ¨rédemption¨ si effectivement la faute a été lourde de conséquences.

En d'autres termes, c'est faire fi - selon un décret dogmatique et donc strictement humain - de ce qu'on appelle la Bonté divine. Il est facile d'imaginer quels dégâts cette notion de ¨péché mortel¨ a pu faire dans les rangs d'une multitude d'êtres humains en induisant en eux l'idée d'un Enfer dont ils ne pourraient pas se sortir parce qu'incrustée dans la conscience.

Ne serait-il pas temps de passer à autre chose ? Si le Divin est ce qu'Il est, quel que soit le nom sous lequel on choisit de Le respecter, il faut s'employer à dévitaliser ce qui flétrit sa Présence dans les cœurs humains. Le ¨péché mortel¨ est une dramatique invention humaine.

Une question et sa réponse

Qu'en est-il des athées ?

Tout d'abord, je ne suis pas très certaine qu'il y ait autant d'athées que notre époque le laisserait penser. J'ai pu constater qu'à l'approche de la mort, au cours d'une maladie grave ou tout simplement de la vieillesse, beaucoup de ceux qui se prétendent tels en viennent à se poser des questions, à se raccrocher à une sorte de vague espoir d'un ¨sait-on jamais¨ ? Ce n'est pas nécessairement la peur qui alimente ce genre d'attitude car, après tout, on peut tout simplement penser que lorsque la flamme d'une bougie s'éteint, il n'y a tout simplement ¨plus rien¨ à sa place et que tout s'arrête là, dans un néant qui n'autorise même pas, en tant que tel, la moindre souffrance.

Je crois plutôt que ce qui provoque un possible questionnement au bout du chemin d'un athée, c'est ¨quelque chose¨ d'infiniment subtil qui, dans les replis de sa conscience, sait très bien que le Principe de la vie ne peut cesser, quoi qu'on fasse. En réalité, le sommet de la conscience, même bien dissimulé, ne peut pas s'imaginer ¨mort¨.

L'orgueil, parfois l'arrogance, font cependant qu'il est difficile pour beaucoup d'athées officiels de reconnaître en eux un tel questionnement et les mécanismes qui l'incitent ultimement se pencher sur sa propre vie intérieure. L'exemple de Yves, au nombre de mes témoignages, en donnera un aperçu assez éloquent.

Hormis ceux-là, il est bien sûr évident qu'il existe de véritables athées dont les convictions se justifient par une totale cohérence intellectuelle et un rationalisme bien ¨bétonné¨. C'est leur droit fondamental, une attitude qu'il faut respecter. Ce n'est d'ailleurs pas le fait de croire ou de ne pas croire en une Puissance supérieure, dans le Principe de l'âme et la réalité d'autres mondes que le nôtre qui rend un individu meilleur ! La ¨croyance¨ n'est pas une vertu ! Les millénaires passés l'ont bien démontré...

Quoi qu'il en soit, il est légitime de se poser la question suivante: *Qu'en est-il des athées après la mort?*

D'une certaine façon j'ai déjà répondu à cette question en explorant avec vous le concept des univers hologrammiques que nous générons automatiquement une fois survenu l'instant de départ. C'est simple... si le mental du décédé était persuadé qu'il n'y avait rien après cet ultime instant, c'est effectivement une sorte de vide ou de néant que son mental va la plupart du temps engendrer. Rien de plus logique puisqu'il aura décidé que ce serait la nuit totale, dénuée de toute perception de soi puisque privée de toute pensée. Si ce n'est que... si le refus de concevoir la présence d'une possible lumière - donc d'une persistance de la vie - génère un sommeil plus ou moins profond mais certainement pas un engloutissement dans une sorte d'Ombre définitive.

Chapitre V

Luigi, le bel Italien

Mon époux Daniel et moi étions en voyage en Italie. Heureux et détendus d'être enfin en vacances, nous parcourions la magnifique côte amalfitaine pour nous rendre à Positano où nous avions loué un beau studio ¨avec vue¨ au dernier étage d'un hôtel charmant et pittoresque portant le nom de *La maison de Blanche.*

Nous y avions une jolie chambre agrémentée d'une magnifique pièce à vivre toute vitrée s'ouvrant sur une immense terrasse, abondamment fleurie de bougainvilliers d'un rose flamboyant et de superbes citronniers… Quel bonheur de pouvoir y scruter l'horizon de la Méditerranée en y prenant notre petit déjeuner ou au soir tombant... pour y déguster lentement un *Prosecco* avant de rejoindre l'un des nombreux restaurants du bord de la plage ! De cette terrasse, dans le lointain, nous apercevions aussi Capri... C'était si bon à vivre et à contempler... surtout pour nous, plutôt habitués à un pays nordique très souvent figé dans la neige !

C'était presque trop... si bien que nous avons spontanément décidé de prolonger notre halte par quelques jours supplémentaires. Nous vivions de la joie et du privilège de pouvoir humer la mer, de descendre au cœur du village jusqu'à la plage au gré des ruelles piétonnières recouvertes d'une multitude de fleurs exubérantes et offrant autant de portes ouvertes sur des boutiques artisanales envahies par des effluves de citron et de lavande...

La belle montagne amalfitaine avec ses maisons aux couleurs pastel accrochées aux rochers, son ciel étoilé, la superbe température, la musique, le bon vin… Tout me remplissait de gratitude. C'était une sorte de paradis. Les habitants de Positano étaient donc ¨bénis des dieux¨ pour habiter un tel lieu !

Tout en savourant le plaisir de cette merveilleuse halte-voyage, je relisais et recorrigeais les écrits destinés à un mon prochain livre dans la grande pièce vitrée. Subitement, j'ai senti devant moi une silhouette ¨traverser¨ la porte-fenêtre pour venir vers moi. J'ai levé la tête... Il y avait là, en demi-transparence, un beau jeune homme d'environ vingt-huit ou trente ans, aux yeux sombres bordés de cils fournis. Son visage harmonieux était encadré de longs cheveux bouclés noirs. Vêtu de vêtements d'un velours profond d'une élégance raffinée évoquant le début du dix-neuvième siècle, il était, sans aucun doute, issu d'une famille noble et fortunée.

Je n'ai d'abord pas fait un geste… L'air ou l'atmosphère qui l'entourait m'a fait frissonner alors qu'il faisait très chaud. Ce qui était impressionnant, c'était cette tristesse infinie qui se dessinait sur sa bouche crispée, son teint pâle malgré le soleil… et son intense silence. Il ne communiquait pas, même télépathiquement. Il est resté ainsi un petit moment devant moi qui le regardais bouche-bée, puis soudain il a fait volte-face, a traversé la pièce puis est passé à travers la porte vitrée qui donnait sur la terrasse.

Ahurie, je l'ai suivi tout me rappelant que cette terrasse n'avait aucune issue et que nous étions au quatrième étage... mais déjà il s'était volatilisé.

J'ai cru un moment avoir eu une hallucination… La chaleur, mes yeux fatigués par mon travail de relecture... mais non, il y avait ce frisson que je ressentais encore dans mon dos et aussi cet étrange parfum qui persistait dans la pièce, comme une odeur de cuir et de tissus anciens. Il fallait que je me rende à l'évidence... Je ne pouvais en conclure qu'une chose : un être décédé cherchait à prendre contact avec moi.

Habituée à ces phénomènes, je me suis dit que s'il avait besoin de quelque chose de précis il se manifesterait à nouveau... Bien qu'un peu interpellée, je me suis vite replongée dans mes corrections sans toutefois vouloir fouiller davantage la situation. Après tout, j'étais en vacances, ce qui est rare. Je voulais vivre chaque instant le plus sereinement possible.

En début de soirée, nous sommes descendus en direction de la plage pour y dîner et, à vrai dire, je n'ai même pas pensé parler de ma ¨rencontre¨ à Daniel... Nous éprouvions une telle joie à savourer ces instants de beauté tellement privilégiés... Je voulais me garder la tête vide et surtout vivre l'instant présent. Il serait bien temps de voir si...

La nuit venue, nous étions tous les deux allongés dans notre chambre, abandonnés à un peu de lecture. Une fenêtre ouverte donnait sur la grande pièce vitrée d'à côté... Soudain, nous avons tous deux entendu des bruits de pas qui semblaient arpenter rageusement la pièce en question. Le claquement de ce qui devait être des bottes sur le sol était si violent qu'on pouvait logiquement en conclure que quelqu'un s'était introduit chez nous. Daniel n'a fait qu'un saut pour aller dans la pièce vitrée croyant surprendre un voleur intrépide... mais non, tant de bruit, ce n'était pas logique. L'intrus supposé aurait-il réussi à escalader les murs jusqu'au quatrième en pensant que notre appartement était inhabité ?

A priori cependant, il n'y avait personne. Personne ... si ce n'est que mon époux avait, tout comme moi, rapidement aperçu une ombre masculine s'enfuir ou plutôt disparaître.

Allions-nous être comme tant de fois sollicités par des phénomènes subtils ? Cela en avait l'air et nous ne nous en sommes pas trop inquiétés bien que nous trouvions cela plutôt désagréable et très lourd.

Le lendemain, après notre petit déjeuner et décidés à ne plus penser à cela, nous sommes allés sous la douche, juste le temps de sursauter. Une douche à l'eau froide ! Et la lumière de la salle de bain qui se mettait à baisser d'intensité puis à clignoter. Visiblement un problème de chauffe-eau lié à l'électricité...

Que faire sinon s'empresser d'informer la réception de l'hôtel de notre souci ? Nous n'avons évidemment pas voulu en ajouter un de plus en mentionnant notre ¨visiteur intempestif¨... Comme c'était prévisible, la jeune réceptionniste nous a répondu que cela devait être effectivement un problème électrique puisque la maison était très ancienne et qu'il suffisait d'actionner le disjoncteur à l'entrée de notre appartement en attendant qu'elle envoie quelqu'un pour vérifier et réparer au besoin. Elle a ensuite ajouté qu'au retour de notre sortie quotidienne, tout serait rentré dans l'ordre.

Le soir, en revenant dans notre chez-nous, toujours pas d'électricité... Nous avons alors actionné le fameux disjoncteur et la lumière est revenue. L'eau chaude était également de retour et j'ai profité d'elle sans attendre. La nuit promettait d'être douce.

Mais non... Mon sommeil fût vite troublé par la sensation très nette d'un visage masculin penché sur moi... j'avais beau essayer de le chasser de la main, il insistait et insistait. Intérieurement, bien que fatiguée, je me suis enfin résolue à m'adresser à lui :

- « Que me veux-tu ? Je suis ici pour me reposer. Je suis en vacances. Tu n'as pas à venir m'épier dans mon intimité ! Qui es-tu ? As-tu besoin d'aide ? »

J'ai senti l'ombre masculine tout entière m'observer attentivement. Elle ne m'a cependant pas répondu et je l'ai bientôt vu disparaître. Je ne la sentais pas agressive mais je ne percevais pas du tout en elle une intention de s'ouvrir davantage… Pour elle, pour cet homme, c'était nous les intrus. Nous étions chez lui ! Ça, c'était très clair.

Le lendemain matin, même scénario, pas d'eau chaude ni électricité… et retour à la case départ à la réception pour faire état de la panne pour la seconde fois. La jeune femme, nous a répondu en Anglais qu'elle était désolée et que c'était étrange car aucun des clients ne s'était plaint de pannes dans les autres chambres. Une autre chambre était-elle disponible ? Nous serions prêts à renoncer à notre superbe terrasse si au moins les perturbations cessaient une fois pour toutes… Mais l'hôtel était complet. Se confondant en excuses, la réceptionniste nous promit d'envoyer un autre réparateur tout en évoquant une réduction pour ces désagréments.

Il fallait en convenir, nous avions été comme ¨choisis¨ par cette chambre. Il était difficile de ne pas comprendre qu'il y avait un travail de purification à faire au niveau subtil entre ses murs… et comme le hasard n'existe pas…

Intuitivement, je savais bien que l'entité défunte voulait que cela soit moi qui l'aide car mon époux n'avait pas été dérangé dans son sommeil comme moi. J'ai trouvé cela pénible et même plus envahissant que jamais. Au fond de moi, je n'arrêtais pas d'appréhender une autre manifestation, un autre problème…

C'est alors que j'ai ressenti le besoin de provoquer la ¨rencontre¨. Puisque le jeune homme me cherchait, il me trouverait et je ferais le travail qu'au fond son âme réclamait sans pouvoir se l' avouer. Il appelait à l'aide à sa manière à lui. Ça, j'en étais maintenant certaine !

Laissant Daniel au village pour qu'il termine quelques achats, j'ai résolu de retourner à l'appartement, sachant que j'y retrouverais soit un problème d'eau ou que j'y ferais une rencontre plus tangible que les précédentes du fait que j'étais seule.

J'étais bien résolue à clore cette histoire qui franchement commençait à gâcher l'ambiance de nos vacances. En ouvrant la porte, je me suis retrouvée encore une fois dans l'obscurité, j'ai actionné le disjoncteur et la lumière est revenue. Je me suis alors décidée à prendre une douche en vitesse avant de m'allonger et me reposer un peu avant le retour de Daniel puis le dîner …

La douche me faisait grand bien étant donné la chaleur extrême à l'extérieur… je me détendais lorsque l'eau devint subitement glaciale. J'en ai crié tant le choc était violent.

En colère, j'ai lancé :

- « Encore toi ? Mais qui es-tu et quelle sorte d'éducation as-tu donc reçue pour entrer pendant qu'une inconnue est sous la douche, lui couper l'eau chaude et la voir ainsi ? Que me veux-tu ? Ça suffit... » ai-je fait tout en fermant la douche et en enfilant un peignoir.

Il eut un très bref instant de silence comme si mon cri et mon impatience avaient ¨saisi¨ l'entité. Voulait-elle me faire peur ou me dérouter ? Je me suis précipitée dans la grande salle vitrée en évitant d'être trop près de son ombre masculine et du froid qu'elle dégageait... sans parler de son odeur indéfinissable. Rapidement elle s'est densifiée de façon plus tangible. C'était bien celle du même jeune homme aux cheveux bouclés et au visage triste.

- « Quel est ton nom » lui ai-je demandé ?

- « Luigi... »

- « Que nous veux-tu et que fais-tu ici à essayer de nous gâcher la vie ? »

- « Ici, je suis chez moi ! C'est vous qui troublez ma vie. Vous devez partir ! »

- « Ah, bon, partir ? Et tu n'as pas vu que cet endroit que tu appelles ton ¨chez toi¨ est maintenant un hôtel et que nous avons loué cette partie sur laquelle tu sembles t'acharner. Visiblement, tu ne sais pas encore que tu n'es plus de ce monde. Tu es décédé et tu erres, Luigi… Je veux bien t'aider mais il faut que tu collabores un peu avec moi ».

- « Comment cela? Je vis, moi, et je suis attaché à cet endroit… J'y attends le retour de celle que j'aime. »

- « Celle que tu aimes ? »

- « Ma fiancée… Maria, celle qui a un col en dentelles. Elle m'a quitté pour un autre homme mais je suis certain, certain qu'elle regrette. Je l'attends… »

- « Elle est sûrement décédée elle aussi car je parie qu'il y a plus d'un siècle que tu es là à tourner en rond. Regarde tes vêtements, regarde les rues, les gens, le village… tout a changé. Si tu veux la retrouver, cesse de t'attacher à ce lieu et va vers la Lumière. Je connais le chemin… »

- « Non… Et puis, je ne vais pas dans le village. Aussi longtemps que Maria ne viendra pas me retrouver ici, je resterai. C'est comme ça ! »

- « Comment es-tu décédé ? »

Luigi a baissé la tête…

- « Je ne suis pas décédé, je vis… mais je me souviens… Suis-moi… j'étais tellement au désespoir ! »

Je l'ai suivi sans hésiter. Il s'est dirigé à grandes enjambées vers le coin gauche de la grande terrasse au-dessus du vide. Là, il m'a fixée.

- « Tu as sauté du quatrième étage… ? C'est cela que tu veux me dire ? »

- « Oui… et après je ne me souviens plus, sauf que personne ne semble me voir… à part toi. »

- « Écoute-moi bien Luigi, je suis désolée mais tu es bien décédé et la seule façon de retrouver Maria c'est d'accepter la Lumière de l'espoir car elle, ton aimée, elle doit avoir dit oui à la Lumière lorsque le moment est venu pour elle… Elle ne viendra jamais te chercher ici ! Et même tes parents doivent également t'attendre ¨ailleurs¨. Crois-moi, le mouvement, c'est toi qui dois le faire. »

- « Une Lumière ? Je n'arrive pas à voir de lumière… je ne vois que du noir et le reflet de mon désespoir. Chaque jour, je refais le même plongeon… C'est infernal ! »

- « Écoute moi… Oui, infernal, c'est bien le mot. Pour apercevoir la Porte que te présentera cette Lumière et où tu retrouveras ceux que tu aimes, Luigi, tu dois d'abord pardonner à Maria et surtout te pardonner pour ton acte... C'est toi qui te fermes à ton bonheur car tu te punis jour après jour... Ouvre ta coquille, laisse entrer ceux qui essaient de t'aider. »

- « Mais comment faire pour me pardonner ? » m'a-t-il demandé dans un sanglot avant de me jeter un regard angoissé... Comme il était beau, cet homme !

Puis, soudain, Luigi s'est effacé du coin de la terrasse, me laissant seule avec son dernier regard. Une dernière fuite parlant de refus ou une réelle incapacité ?

Quelque chose en moi était pourtant convaincu qu'une porte s'était entr'ouverte dans sa poitrine et qu'il reviendrait, qu'il ne pouvait pas faire autrement.

La nuit fut calme... Luigi ne s'est pas montré, l'électricité et l'eau ne manquèrent pas.

Tandis que le lendemain matin nous prenions notre petit déjeuner sur la terrasse, Luigi a tout à coup décidé de nous rejoindre. En plein soleil matinal, ce genre d'événement est plutôt rare car c'est généralement l'inversion des polarités qui crée des ponts entre le dense et le subtil... Cette fois, ¨mon Italien¨ s'est entièrement laissé voir par Daniel, comme s'il arrivait à sélectionner différents ¨canaux¨ de manifestation. Il s'est dirigé dans le même coin gauche, celui d'avant son saut suicidaire puis il s'est retourné vers nous et nous a presque souri lorsque ce que j'ai envie d'appeler ¨les lèvres de son âme¨ ont murmuré avec émotion :

- « Oh… Je la vois enfin ! Je la vois… »

- « Maria ou la Lumière… ? » lui-ai-je demandé, les larmes aux yeux.

- « Maria dans la Lumière… et d'autres personnes… Oh, merci, merci… ! »

Et nous vîmes Luigi traverser le voile qui recouvrait sa conscience en se fondant dans un espace de clarté, totalement suspendu au-dessus d'un vide apparent. C'était fait… Il était passé de l'autre côté de lui-même ! Luigi était en marche vers sa nouvelle maison. Il avait enfin accepté la possibilité d'un Portail d'espoir. Il y était visiblement attendu, désiré, aimé depuis si longtemps ! Il l'avait senti.

Daniel et moi nous nous sommes regardés, émus.

Et vint la fin de notre séjour… Cependant que nous réglions notre note d'hôtel, j'ai demandé à la réceptionniste si elle savait qu'il y avait un ¨ghost¨ dans l'appartement du dernier étage et que c'était lui le vrai responsable de quelques phénomènes étranges et de nos nombreux soucis électriques. Sans lever la tête vers moi, elle m'a répondu un « non » timide… un non si éteint qu'il cachait évidemment un « oui je le savais, tout le monde le sait ».

Puis elle m'a enfin regardée dans les yeux pour me lancer en Anglais :

- « Vous comprenez, c'est une très vieille habitation alors, parfois, il y a des choses qu'on ne s'explique pas. Et puis je n'habite pas ici. Je ne veux pas en vraiment savoir plus. »

- « Alors, nous n'avons pas été les seuls à avoir eu des problèmes dans cet endroit ? Vous avez eu d'autres réclamations… »

- « Oui… mais vous savez, les esprits, on y croit ou pas. Et les propriétaires aiment mieux ne pas faire peur aux clients. D'abord, c'est une si belle chambre ! »

- « Je comprends… Mais ne vous inquiétez plus, j'ai aidé celui qui vivait ici et il a quitté le lieu. Il s'appelait Luigi… Vous le direz à vos patrons. Il est enfin dans la Lumière. Cela faisait plus de deux siècles qu'il errait à l'étage… Je ne pensais vraiment pas venir travailler avec l'Au-delà pendant mes vacances… mais les esprits en souffrance, eux, ne prennent pas de vacances et s'arrangent toujours pour se faire entendre. Ils devinent parfois qui peut les aider. Vous savez, c'est un vrai travail pour moi… »

*

Si j'ai tenu à vous parler en premier lieu de l'exemple de Luigi, c'est parce qu'il est presque archétypal. On y trouve en effet la plupart des motifs de ce qui génère la hantise d'un lieu, c'est-à-dire le fait qu'une âme y soit bloquée en raison d'un évènement dramatique. Je devrais plutôt dire ¨s'y soit bloquée¨ car c'est en général la fixation émotionnelle et mentale d'un décédé sur un point précis de sa vie qui le rend prisonnier d'un espace.

Cette fixation est telle qu'elle devient une sorte de kyste psychique qui empêche le décédé en question de prendre le moindre recul rationnel sur sa situation. C'est comme s'il ne parvenait pas à écarter une brume dans laquelle il étouffe mais qui en même temps lui donne la sensation de le protéger dans ses convictions. Le temps terrestre a beau s'écouler, il ne le remarque pas car il ne vit plus sur le même mode vibratoire que celui-ci puisqu'il demeure incarcéré dans son armure mentale.

La particularité de Luigi repose en grande partie sur le fait qu'il tenait malgré tout à se faire absolument remarquer en densifiant le plus possible sa présence par des bruits de bottes très soutenus et des interventions répétées sur la matière.

Lorsqu'un décédé parvient à un tel niveau de densification cela signifie souvent que son organisme subtil ¨pompe¨ des forces supplémentaires chez une ou des personnes vivant dans le lieu qu'il pollue, des personnes qui ont de l'énergie en surplus émise par leur corps éthérique et qu'on appelle classiquement des médiums, conscients de l'être ou non.

Le besoin contradictoire de se faire remarquer tout en ne voulant pas bouger est également typique. Il exprime le déchirement de l'âme dans son processus d'auto-blocage qui l'interdit d'y voir clair en elle-même.

À ce propos, l'intervention de Luigi sur l'électricité peut sembler incohérente puisqu'il a vécu en un temps où celle-ci n'existait pas et qu'il n'a manifestement pas assisté à son apparition ni pu comprendre le principe de son fonctionnement. Comment alors l'expliquer ?

L'intervention des décédés sur l'électricité d'un lieu est en fait très fréquente bien qu'elle ne soit pas nécessairement voulue par eux ni maîtrisée. En réalité, ce sont des sortes de ¨trains d'ondes¨ propulsés par de vifs états émotionnels qui parviennent à créer des interférences sur des circuits électriques sans qu'il soit besoin de connaître le fonctionnement de ceux-ci.

On ne parlera donc pas de ¨pouvoirs paranormaux¨ en tant que tels dans le cas des âmes désincarnées mais de radiations plus ou moins anarchiques émises par leur organisme subtil, corps éthérique, corps émotionnel et mental imbriqués les uns dans les autres.

Je tiens enfin à signaler que dans le cas de Luigi comme dans ceux qui vont suivre, les dialogues que j'ai entretenus avec les âmes des défunts ont été volontairement condensés par mes soins dans le but de les rendre moins fastidieux à la lecture. Chacun comprendra qu'il ne suffit pas de quelques minutes de dialogue pour dissoudre une problématique, même si la compassion parvient souvent à remplacer mille mots…

Chapitre VI

Le secret de Lila

Il y a environ deux ans, j'ai reçu un appel à l'aide de Lila, une jeune maman terrifiée. Lila me faisait part de phénomènes ¨lourds¨, de bruits incompréhensibles, de fortes baisses de température continuelles dans la chambre de son bébé sans parler des aboiements de ses deux chiens souvent positionnés devant la chambre du poupon.

À chaque fois que Lila entrait dans cette chambre au pas de course parce que sa petite fille se mettait à hurler, elle trouvait celle-ci effrayée et en larmes. Elle semblait voir ¨quelque chose¨ dans l'angle de deux murs… Et même si Lila, elle, ne voyait rien, elle ressentait toujours malgré tout une chute de température dans la pièce et ne pouvait que constater, désemparée, la réelle frayeur de sa petite. Elle avait alors beau régler le chauffage, inévitablement le froid s'installait à nouveau...

De mon côté, je savais que la jeune maman n'était pas fermée à l'existence et à la possible présence d'esprits pouvant errer ici et là pour des raisons inconnues. Lila était donc interrogative et très inquiète pour son bébé. Elle ne voulait évidemment pas qu'on lui fasse de mal. Quelle était donc cette chose qui s'accrochait à sa chambre et qui les terrorisait maintenant toutes deux ?

Dans notre conversation, elle en est venue à me confier que son mari, militaire de formation, ne croyait absolument en rien à l'existence des soi-disant âmes errantes et donc à ce qu'il appelait de façon moqueuse ¨toutes ces histoires de fantômes¨.

Lorsqu'elle lui a fait part des quelques phénomènes qu'elle avait remarqués, de ses craintes pour leur bébé et signifié l'attitude fréquente de leurs deux chiens aux aguets, il lui avait aussitôt rétorqué :

- « Arrête ces délires, Lila... Tu regardes trop de films ! Tout cela c'est dans ta tête ! »

Il semblait bien qu'il n'y ait rien à faire. Il refusait d'envisager ¨tout cela¨.

Le lendemain matin, Lila me rappela pour me raconter ceci :

La nuit venue, pour une raison qu'elle ne m'a pas précisée, son militaire de mari s'était réveillé en sursaut en entendant une porte s'ouvrir. C'était si réel que, se sentant menacé, il s'était empressé de courir vers une armoire où il rangeait ses armes, des équipements de sport et un bâton de baseball. Armé de ce bâton et sommant Lila de rester avec la petite dans la chambre, il avait alors fait le tour de la maison pour affronter ¨l'intrus¨ accompagné de ses deux chiens, un Berger allemand et un Golden Retriever. Pendant ce temps-là, la petite avait hurlé à pleine tête tandis que Lila la serrait contre elle en tentant de la réconforter, bien qu'elle ait été elle-même tétanisée. Elle se doutait bien que l'intrus était ¨cette chose¨ à laquelle son mari ne voulait pas croire…

Après une dizaine de minutes, il était enfin remonté à l'étage les retrouver, assurant qu'il n'avait vu personne mais que les chiens demeuraient, eux, en état de vigilance… Ils voyaient quelque chose et, cette fois, il ne pouvait plus nier l'évidence.

- « Je demanderai à l'ancien propriétaire s'il s'est passé un drame ici, avait-il fait… sinon on va vendre. Je n'ai pas l'intention de vous mettre en danger ni de courir toutes les nuits à la poursuite d'un ¨je ne sais quoi¨ ».

Toujours au bout du fil, Lila a poursuivi son récit en pleurant : « Je ne veux pas qu'on fasse du mal à mon bébé ! Aide-moi ! Dis-moi quoi faire…

Mon mari repart bientôt en mission et je crains pour nous. »

- « Écoute, Lila… en attendant que j'essaie d'entrer en contact avec cette entité, tu vas installer le lit de ta petite dans votre chambre. Ferme soigneusement la porte de sa chambre à elle et n'y retourne plus. »

Je lui ai ensuite et aussitôt posé les questions que l'on pose dans ces ¨cas-là¨, à savoir si la maison était neuve, si à sa connaissance quelqu'un y avait trouvé la mort, s'y était suicidé, par exemple, sans qu'elle le sache… Est-ce que tout avait débuté lorsqu'ils avaient aménagé là ? Et avant, là où ils vivaient, il y avait déjà eu des phénomènes inquiétants ? Comment s'était déroulée sa grossesse ? Elle et son mari s'étaient-ils adonnés à des pratiques occultes comme par exemple jouer au *Ouija*, appeler même pour plaisanter, des esprits d'une manière ou d'une autre, etc… ?

Lila m'a assurée avoir eu une grossesse particulièrement épanouie et qu'ils n'avaient pas joué à des jeux occultes… enfin qu'il ne s'était rien passé avant cette maison et la naissance de leur bébé mais qu'en y réfléchissant bien tout avait vraiment débuté avec la naissance de la petite et que ça ne faisait que s'amplifier.

- « Informez-vous pour la maison et envoie-moi des photos de toi enceinte, de toi avec ton mari, et des photos du bébé. Mais sans attendre, je te demande de prendre des photos de toutes les pièces de ta maison. Et photographie en priorité tous les coins et recoins de la chambre de l'enfant. »

- « Je t'envoie cela tout de suite Marie, m'a-t-elle répondu, mais j'insiste et je me répète... je suis tellement inquiète !

Ça fait déjà six mois que ma fille est née et que ça dure. Au début, c'était léger et j'ai cru m'imaginer tous les phénomènes que tu sais, mais maintenant ni mon mari ni moi ne pouvons nier qu'il se passe quelque chose d'inquiétant. Et ce "quelque chose », le bébé et les chiens le voient parfaitement, c'est certain. C'est bruyant, frigorifiant, cela sent mauvais et c'est de plus en plus en colère. »

Lila et moi nous nous sommes laissées et j'ai éprouvé intérieurement une réelle inquiétude pour eux... d'autant plus que je connaissais la jeune femme depuis qu'elle était toute petite. Elle avait toujours été adorable... Quant à son bébé que j'avais déjà eu l'occasion de voir, il était tellement souriant avec ses yeux pleins d'éveil et de joie ! Le problème ne venait pas de l'enfant...

Quelque quinze minutes plus tard, Lila m'a envoyé les photos demandées. Elles allaient être mon support... En les fixant autrement qu'avec mes yeux, j'ai aussitôt pu distinguer dans la chambre du bébé une brume très subtile... tandis que la jolie petite fille était comme touchée du côté droit par une présence. Une empreinte grise à forme légèrement humaine. Lila montrait quant à elle une espèce de fil subtil attaché à son ventre et une brume grise entourait également celui-ci. J'étais maintenant certaine que tout était lié entre la grossesse de Lila, Lila elle-même et la naissance de l'enfant. De quel lien pouvait-il s'agir ?

De plus en plus inquiète pour elles et avec l'aide des photos j'ai alors pu me déplacer ¨hors corps ¨ et me rendre à leur domicile. J'étais quasiment certaine que la ¨forme¨ grisâtre s'y présenterait à moi.

Je me suis d'abord arrêtée devant la porte de la chambre de l'enfant puis je l'ai traversée. Ainsi que je l'ai mentionné, j'ai depuis longtemps l'habitude de la décorporation ; dans cet état, la matière physique n'oppose aucune résistance.

À peine en avais-je passé le seuil que j'ai remarqué une forme tapie dans un coin. C'était une silhouette féminine à demi-définie comme si son corps physique n'avait pas vécu ou n'avait pas eu le temps de se former. Intuitivement, il m'est apparu que cette entité n'était pas violente mais plutôt souffrante.

Je me suis approchée d'elle... hélas elle m'a immédiatement repoussée d'un geste vif... Une odeur fétide s'en dégageait et sa main était pareille à de la glace. Elle me fixait mais elle ne voulait pas que je l'approche. J'ai donc reculé pour lui parler même si par son refus de contact elle me faisait comprendre sa décision de me tourner le dos.

- « Écoute, écoute… Je suis venue aider, t'aider et savoir pourquoi tu fais peur à cette maman et son bébé. Pourquoi donc les terrorises-tu ? »

Elle me lança brutalement :
- « Tu n'as pas à te mettre entre elles et moi… »

- « Pourquoi donc ? Est-ce que tu les connais ? Qui es-tu ? »

Aucune réponse… J'ai poursuivi.

- « Écoute, je crois que j'ai vu un lien entre Lila, son bébé et ta présence. J'en suis même certaine… Pourquoi cherches-tu à avoir une emprise sur lui et essaies-tu d'éloigner sa mère ? Tu n'es plus de ce monde… Le sais-tu, au moins ? »

- « Oui, bien sûr ! Mais je préfère rester ici… Je peux y vivre à travers Lila, éprouver ce qu'elle éprouve parce qu'elle vit, elle… parce que ce bébé… ce bébé est aussi à moi ! »

- « À toi ? Tu sais bien que c'est impossible… »

- « …Oui, je te dis que le bébé est à moi parce que ce n'est pas juste… J'aurais tellement aimé vivre à la place de Lila mais c'est elle qui a gagné ! Alors maintenant, écoute-moi, j'ai décidé de vivre à travers elle. »

- « Voyons... Et c'est cela que tu appelles la vie... ! Et pourquoi me dis-tu que tu aurais aimé vivre à la place de Lila ? »

- « Lila était ma jumelle ... Elle est née mais pas moi ! »

- « Mais... elle ne m'a jamais parlé d'une sœur jumelle... et je la connais depuis très longtemps. »

- « Elle l'ignore... notre mère ne le lui a jamais dit... elle pensait que ce serait mieux ainsi, que ce serait mieux que je n'aie jamais existé et que je n'existe jamais. »

- « Alors tu vis la vie de Lila ¨par procuration¨ ? Mais qu'est-ce que cela te donne de garder cette emprise sur ta sœur et par conséquent sa fille ? Ne sais-tu pas que si tu avais accepté une porte de Lumière il y a maintenant plus d'une trentaine d'années, tu serais passée à autre chose ? Tu as pourtant dû la voir, cette porte... Elle se présente toujours quand il y a un peu d'amour, un peu d'espoir. Ressens-tu du bonheur ou un peu de joie en te limitant à une forme qui se terre et qui n'existe que par les énergies des autres ?

De l'autre côté, là où tu n'as pas voulu entrer, la vie se poursuit, tu sais... Tu pourrais y découvrir un autre visage de toi-même, t'ouvrir au réconfort, à la guérison, à l'amour... à la renaissance. Regarde... ton obstination, ta colère et ton chagrin aussi t'ont laissée dans trop d'ombre depuis trop d'années. Ne crois-tu pas qu'il est temps de passer à autre chose ?

Accepte et écoute ton vrai cœur, c'est là que se trouve la sortie vers ce que tu cherches vraiment. Tu y trouveras des âmes comme toi qui t'accueilleront et t'aideront pour renaître enfin ! Il y a aussi des Guides de Lumière qui t'y invitent déjà... Derrière toi, je les vois arriver car je sens bien que quelque chose bouge dans ton cœur. Personne n'est oublié, personne ! Je lis suffisamment clairement à travers toi pour savoir que ta souffrance est déjà moins forte. Que tu te révoltes moins... Ne me dis pas que c'est faux... »

- « Mais c'est de *cette* existence que je voulais, c'est elle que j'avais choisie et j'ai été rejetée comme un déchet... »

- « Tu n'as absolument pas été jetée... Ta naissance n'a pu se faire pour des raisons qui te dépassent et que j'ignore... Ta jumelle a pu naître et pas toi. Accepte-le enfin et va vers tous ces guides que je commence à voir et qui te tendent la main... Laisse ta sœur et son bébé, abandonne cette histoire de tourments ! Tu joues à la méchante mais tu ne l'es pas, tu es seulement blessée et tu as besoin de guérison... et ce n'est pas ici que tu la trouveras mais de l'Autre côté. Il y a une vraie vie là aussi, tu sais ! »

La forme grisâtre s'est retournée et dans son visage qui n'en n'était pas encore vraiment un mais plutôt une esquisse, j'ai lu un espoir… Oui… une petite lueur semblable à une flamme blanche se dessinait au sommet de sa silhouette souffrante.

- « Je te laisse… Pense à ce que je viens de te dire… Va donc vers les Guides, là où il y a une renaissance pour toi, la guérison, l'apaisement. Dans la rancœur il n'y a jamais, jamais d'issue. Oh… encore une chose ! As-tu un prénom ? Est-ce que tu aurais aimé que cette jumelle qui n'a pas pu venir à travers toi en ait un ? Tu sais, les personnes comme moi savent que cela peut aider de nommer ceux qui n'ont pas pu naître. »

- « Non, je n'en ai pas… ma mère n'était pas du tout consciente de ces choses-là… ni même si elle avait désiré un enfant ou deux ou pas du tout. Alors, donner un prénom avant la naissance, en choisir un, c'était bien loin de ses considérations. Mais là, maintenant, je comprends que c'est important quand on cherche à naître… Je suis en manque de ça… ».

Alors, à cet instant précis, il s'est passé quelque chose… C'était la première fois que la forme grise se définissait avec une sorte de tendresse en tant que ¨petite âme¨.

- « Et si tu me le disais, ce prénom que tu aurais aimé… »

- « Je ne sais pas, j'ai passé trop de temps dans la colère… j'ai tout oublié ! J'en ai oublié même les prénoms ! »

- « Et si moi je t'en donnais un, juste comme une reconnaissance, qu'en dirais-tu ? »

- « Tu penses que ça m'aiderait à quitter cet état, à m'envoler, à enfin être délivrée de ce fardeau… ? »

Une émotion m'a envahie… Il se passait vraiment quelque chose. Elle parlait de fardeau et du souhait de s'envoler…

- « Oui ! Je le crois vraiment, ai-je fait. Ça t'aiderait à te reconstruire, à pardonner et tourner la page…

Je vais te confier quelque chose… J'ai déjà deux enfants que j'aime, un garçon et une fille, mais j'en souhaitais malgré tout un autre. Malheureusement, j'ai accouché d'un petit garçon mort-né que j'avais appelé Antoine… Je m'étais ensuite dit que si un jour j'avais une petite fille, j'adorerais que ce soit une Élisabeth. Cela n'a pas pu être… ni se réaliser.

Et toi, si je t'appelais Élisa, ça te dirait ? Ça te conviendrait ? Aimerais-tu ce prénom pour ton âme ? »

J'ai vu la petite flamme grandir encore et encore comme pour illuminer de l'intérieur la silhouette grise et lui faire prendre une belle teinte rosée…

- « Élisa ? Oui, j'aime… J'aime ! »

- « Alors, ouvre tes bras vers la Lumière, toi qui as désormais un prénom… Va ! Va doucement et sans crainte, tu es aimée ! »

Le jour qui a suivi, j'ai téléphoné à Lila pour savoir si les choses s'étaient un peu calmées. Elle m'a répondu que oui et que, soudainement, la maison n'était plus inquiétante… qu'il n'y faisait plus froid, que les chiens n'aboyaient plus et que son bébé était tout sourire.

- « Lila… ? »

- « Oui… »

- « Ta mère t'a-t-elle déjà informée que tu avais une jumelle ? Qu'elle était née juste après toi mais qu'elle était aussitôt décédée ? »

- « Non… Non… Après tout ce temps… Ce n'est pas facile mais je vais le lui demander et je te rappelle. »

Le lendemain, tôt le matin, Lila était au bout du fil, tout énervée…

- « Mais comment as-tu su, Marie ? C'est complètement fou ! »

- « En discutant avec ta sœur jumelle… Ta mère t'a donc bien confirmé son existence ? »

Tout se dénouait, tout se simplifiait. Lila était devant l'évidence d'un ¨secret de famille¨, une de ces choses que l'on ne dit pas, peut-être pour ne pas faire de peine, sans doute aussi par manque de conscience face aux mystères qui entourent la naissance, la vie et la mort.

Par bonheur, Lila avait un cœur qui ¨battait à la bonne place¨...

- « Est-ce que je peux faire quelque chose pour l'aider ? »

- « On peut toujours aider... Prends un temps dans la chambre de ton bébé et pense à elle. Discute avec elle au-dedans de toi, donne-lui simplement de l'amour... dis-lui que tu ne savais pas et que tu aurais aimé avoir une sœur.

Ah oui, Lila... J'oubliais... Elle aime qu'on l'appelle Élisa. C'est le nom qui l'aide à partir à la rencontre des ¨anges¨. »

*

Ce récit d'un accompagnement qui m'a particulièrement touchée est, à mon avis, très représentatif des phénomènes habituels qui polluent plus souvent qu'on ne le croit l'atmosphère de certaines maisons et rendent difficile la vie de ceux qui les occupent. Bruits, sensations de froid, odeurs nauséabondes, réactions animales... Tout cela est ¨classique¨.

L'idée communément reçue affirme que ce sont surtout les lieux qui retiennent certaines âmes en raison des souffrances ou même des drames qu'elles y ont vécues. Ce faisant, on oublie que les âmes elles-mêmes sont fréquemment leur propre prison et cela indépendamment du lieu où elles se manifestent.

L'exemple de celle qui devient ¨Élisa¨ l'illustre clairement à partir des moteurs que sont la rancune et la frustration. Suite à cette constatation, il est important de comprendre que les phénomènes de ¨hantise¨ ne sont pas nécessairement dus à des présences sombres ou mauvaises dans leurs intentions, loin de là, et qu'il ne faut donc pas systématiquement et comme par réflexe les traiter comme telles. La souffrance a besoin de compassion et non pas de coups portés à l'aveuglette qui ne feront que grossir les blessures.

Bien qu'on ne puisse nier qu'il existe des présences invisibles réellement toxiques, il faut à tout prix sortir du vieux réflexe des « Arrière Satan ! » que l'on voit dans la plupart des films qui abordent la question de façon malsaine et donc nocive. Désigner un mal qui n'en est pas vraiment un par essence ne fait que l'enkyster.

Je suis persuadée qu'à partir du moment où la compassion est là, la plupart d'entre nous peut entreprendre un dialogue intérieur avec une âme que l'on pressent ¨coincée¨ dans son monde. Les capacités psychiques ne font pas tout ; heureusement d'ailleurs car chacun n'en est pas doté. La volonté d'aider et bien sûr l'amour demeureront toujours les ponts essentiels pour débloquer une situation.

Le second intérêt du témoignage d'"Élisa" est qu'il nous fournit un exemple de "phagocitage" de l'énergie d'une personne, de son entourage et de son cadre de vie par une âme égarée. Vivre à travers une personne incarnée représente pour ce type d'âme une façon de s'incarner elle-même sans avoir à se confronter à ses propres problèmes.

Il n'est pas rare, par exemple, de voir certains grands alcooliques en proie à des crises de délirium servir d'intermédiaires et donc d'"hôtes" momentanés à des âmes incapables de s'élever en raison de leur asservissement à un besoin de contact avec l'alcool, même au-delà de la mort.

Enfin, et là n'est pas le moindre intérêt du cas de la "jumelle de Lila", c'est qu'il nous permet de comprendre l'extrême importance de donner un nom à toute âme ayant entamé un processus de réincarnation qui ne va pas jusqu'à son terme, qu'il s'agisse d'un avortement, d'une fausse-couche ou de toute autre raison similaire. L'anonymat constitue une possibilité de blessure. Personne n'est "rien"... Ne pas être nommé, c'est comme être privé du droit d'être. Pour une âme, c'est souvent se voir fermer une porte lui permettant de se considérer elle-même... Et il n'est jamais trop tard pour recevoir un nom, même après bien des années...

Je l'ai bien vu avec "Élisa", l'amour est le grand magicien qui répare tout.

Chapitre VII

En direct avec l'Au-delà

Le téléphone sonne

À vingt-cinq ans, ma cousine Véronique décédait subitement d'un terrible accident sur une route des États-Unis. Un énorme choc pour toute la famille. J'ai témoigné dans mon premier ouvrage des circonstances dramatiques de son départ ainsi que de l'étonnant contact qu'il m'a été donné de vivre quelques jours plus tard avec son âme[1].

On n'est jamais préparé à ce genre de disparition, même si on sait qu'il n'y a pas d'âge pour franchir

---

1. *Voir « Ces âmes qui nous quittent », chapitre 2, "La Rose noire", du même auteur. Éd. Le Passe-Monde.*

le grand portail… Certains y font face mieux que d'autres sans que l'on sache toujours pourquoi.

Le père de Véro, lui, faisait partie de ceux qui arrivent difficilement à remonter la pente et à reprendre une vie tant soit peu sereine. Il aimait tellement sa fille et cette mort était si absurde !

Il y a cependant une Intelligence ¨quelque part¨ dans l'ordre du monde qui cherche parfois à tendre une main à ceux qui paraissent à jamais inconsolables… Rémi, le père de Véro en a fait l'expérience de façon stupéfiante.

Voici l'histoire qui en témoigne…

Je faisais alors un stage de fin d'études pharmaceutiques dans la pharmacie paternelle, là où mon oncle Rémi travaillait également. Lui aussi était de la profession.

Chaque jour c'était le même rythme de travail soutenu avec des demandes de toutes sortes, des préparations à faire et le téléphone ponctuant le tout au milieu des clients qui se succédaient au comptoir. Mais cette fois-là, il s'est passé un évènement mémorable… La voix de la réceptionniste a soudainement retenti au beau milieu de la pharmacie :

- « Monsieur B. vous êtes demandé au téléphone. Appel en attente sur la ligne 2. Merci ! »

La lumière rouge du téléphone clignotait devant nous trois derrière le comptoir… Rémi a aussitôt décroché le combiné et répondu :

- « Bonjour, ici R. B. pharmacien au laboratoire. Que puis-je faire pour vous ? »

- « Bonjour papa, c'est Véro, c'est moi papa ! »

- « Véro ? Mais, mais… c'est impossible, Véro est décédée depuis plusieurs années… »

Mon oncle avait lancé ces mots comme un cri, le visage pâle, soudainement et totalement en état de choc.

Entendant et voyant cela, mon père lui a rapidement glissé un tabouret pour qu'il puisse s'y assoir car il semblait sur le point d'avoir un malaise. Avec le peu que nous avions capté de ce qui venait de se dire, mon père et moi restions sans voix. Après un instant et des regards échangés, nous nous sommes autorisés à nous rapprocher du combiné pour capter ce qui en filtrait…

- « Oui… C'est bien moi papa, ne reconnais-tu pas ma voix ? Je voulais te dire que je suis bien et surtout de ne pas te faire autant de chagrin pour moi. Je vais bien… Je vis ailleurs et, tu vois, je te parle. Je suis seulement très loin comme lors d'un voyage dans un pays où tu n'as pas encore accès. Voilà, mon papa d'amour, je suis venue te faire un petit signe pour t'aider comme tu me le demandes si souvent dans tes journées. »

- « Mais… comment peux-tu… ? »

- « Il y a des choses que tu ne peux pas encore comprendre, papa. Je vis autrement, ailleurs mais je t'entends et j'entends tes pleurs… et celles de maman. »

Mon oncle s'est littéralement effondré, en larmes, les yeux hagards et ne faisant que nous répéter… « C'est Véronique, c'est elle ! »

Mon père s'est encore rapproché de lui tout en passant son bras autour de son épaule en signe de réconfort. Il voulait aussi mieux entendre la voix. C'était insensé…

- « Papa ! Papa, es-tu là ? Ne pleure pas voyons… Je suis venue adoucir ton chagrin… »

Ces mots, mon père les a clairement entendus et c'était bien les intonations de Véro, il n'y avait pas de doute même si sa voix était accompagnée d'un écho étrange… comme si elle venait effectivement de très, très loin…

- « Oui, je suis là, ma petite fille… a fini par répondre mon oncle tout en essayant de faire taire ses sanglots pour continuer la conversation. Tu me manques tellement ma belle et douce fille, mon soleil… Tu me manques tellement que je n'ai plus goût à cette vie… »

- « Écoute papa, je suis venue te prévenir. Bientôt, nous serons réunis et nous nous retrouverons. »

- « Alors, je vais mourir bientôt ? »

- « Papa… le temps d'ici est différent mais retiens que, pour moi, nous serons ensemble ¨bientôt¨ et que tu n'as rien à craindre. Je serai là… Au revoir papa ! N'oublie pas que je t'aime ! »

La petite lumière rouge du téléphone s'est immédiatement éteinte et la ligne s'est coupée.

Nous nous sommes tous regardés, bouleversés et hébétés. Avions-nous tous rêvé éveillés ou était-ce bien réel ?

Toutes les questions ont surgi. Comment croire à un tel appel et puis… comment Véro aurait-elle pu appeler alors qu'elle était morte ? Et pourtant nous avions bien été, là, tous les trois à reconnaître sa voix… Très vite, nous sommes allés demander à la réceptionniste *qui* avait d'abord pris l'appel puis *qui* l'avait transféré au laboratoire.

- « Oui, c'est moi-même » fit celle-ci, très sûre d'elle. L'appel venait d'une jeune femme à la voix joyeuse et un peu rauque. Elle a seulement demandé à parler à M. B. comme si elle le connaissait bien.

Alors, j'ai transféré sans trop réfléchir... Pourquoi avez-vous l'air si énervés? Vous n'avez pas eu le transfert? La ligne a été coupée?»

- «Non, non, nous avons bien eu l'appel... Merci».

Que dire d'autre? C'était totalement fou mais il fallait se rendre à l'évidence. Ma cousine Véro avait été une jeune femme très joyeuse et taquine... et cette petite voix légèrement éraillée si caractéristique qui la rendait encore plus charmante et singulière ne permettait pas le doute. Il n'y avait pas d'autres voix semblables à la sienne. Elle était unique.

Personne ne nous croirait, bien sûr, mais Véro avait bel et bien téléphoné... de son paradis à elle!

Un an plus tard, mon oncle Rémi est décédé d'une courte maladie. Contrairement à ce qu'on aurait pu croire, il est parti très serein, se conformant ainsi aux ¨prévisions¨ de sa fille.

Quant à moi, sans que je m'y attende, j'ai bientôt eu le bonheur de les apercevoir ensemble, réunis, de l'autre côté du Portail car Véro m'y a rapidement invitée... Pour elle, c'était presque normal, naturel. Nous avions été si proches que son monde s'est ouvert facilement et m'a paru aussitôt familier, tout en couleurs vives et tout habité d'une nature grandiose... Elle y transposait son univers intérieur, elle y peignait sa joyeuse ¨maison du dedans¨.

Et dire que cinq ans plus tôt, à sa ¨mort¨, c'est moi qui avais hérité de son chevalet et de ses tubes d'huiles ! Un leg qui, sur l'instant, avait paru plus logique à ses parents qu'à moi mais qui, dès lors, trouva toute sa signification à mes yeux... C'était la signature d'un lien d'âme qui ne faisait que se confirmer et qui se poursuivrait dans le temps.

*

Un singulier grésillement

Du temps s'est écoulé...

Un certain après-midi de février, mon mari Daniel et moi étions en conversation téléphonique avec des amis et nous évoquions le décès brutal et très interpellant d'une jeune adolescente que nous avions fort bien connue, Emma.[1] Son brusque décès puis ses obsèques anormalement précipitées nous laissaient tous avec une lourde peine au cœur et une quantité d'interrogations.

Emma s'était officiellement suicidée sur la côte nord-est des États-Unis sans que la police fasse la moindre enquête. Le 31 décembre, son père avait assuré l'avoir trouvée pendue à son arbre préféré, non loin du chat de race Maine-Coon qu'elle aimait tant et qui avait dû être témoin du drame.

La version qui avait été donnée de cet évènement était totalement incompréhensible et même incohérente

1. Voir "L'histoire d'Emma" au chapitre III de "Ces âmes qui nous quittent", du même auteur. Éd. Le Passe-Monde.

d'autant plus qu'Emma était en attente d'un autre chat de même race pour commencer à réaliser son rêve: faire un élevage.

Dans la maison approximative où elle vivait avec son père, la table du réveillon de l'An était dressée et rien n'indiquait qu'elle avait été en détresse.

Au contraire, elle était tellement heureuse de recevoir un nouveau compagnon à quatre pattes... De plus, en matinée elle venait d'avoir la visite d'une cousine et, selon celle-ci, tout allait très bien et rien n'annonçait sa fin aussi soudaine et tragique.

Le shérif et les policiers de la petite communauté villageoise voisine qui s'étaient rendus sur les lieux pour constater le décès dramatique d'Emma avaient certainement eu hâte de finir leur quart de travail pour aller, eux-aussi, fêter l'année nouvelle là où ils étaient probablement attendus.

Il n'y avait donc eu qu'un bref examen concluant à une strangulation mais aucune autopsie. Pour quoi faire? avait fait savoir le médecin légiste. Effectivement, pour quoi faire? Les adolescents qui vivent secrètement des difficultés ... c'est connu.

Avec nos amis, nous ne cessions d'évoquer les obsèques de la pauvre jeune fille qui avaient eu lieu deux jours après son décès... puis l'attitude son père manifestement pressé d'en finir et peut-être de cacher des preuves. Oui, des preuves... Nous étions dans cet état d'esprit puisque, par de là sa mort, Emma était parvenue à tout nous raconter de la mise en scène de ce qui n'avait vraiment pas été son suicide mais… tout autre chose.

Comme elle avait perdu sa mère, Louise, d'un cancer deux ans auparavant, John, son père, ses proches et les autorités avaient rapidement expliqué le motif du drame par son incapacité à se remettre d'un tel décès. C'était la version officielle… Cependant, pour nous quatre, derrière nos téléphones respectifs, il était important que nous récapitulions tout de ce que nous savions des évènements, de ce meurtre vraisemblablement commis par un père dans un mouvement de colère… Un étranglement fait sur un coup de rage et aussitôt déguisé en pendaison pour en dissimuler toute trace.

Nous faisions donc tout notre possible pour essayer de rassembler d'éventuelles preuves matérielles car expliquer les faits en disant que l'âme de la suicidée nous avait tout révélé ne pouvait avoir, vous vous en doutez bien, aucun poids en Justice.

Animés par cet espoir partagé avec nous, nos amis avaient, quant à eux, la possibilité de se rendre sur les lieux et d'y prendre des photos en se basant sur les informations précises fournies par Emma.

Nous en étions là quand, tout à coup, une interférence très forte s'est fait entendre sur notre ligne téléphonique. Puis il y eut comme un bruit de fond sur lequel une voix de femme tentait manifestement de nous parler. C'était difficilement audible car celle-ci semblait chercher à se faufiler ¨entre deux canaux d'émission¨. Il était évident qu'elle essayait de nous dire absolument quelque chose. Un moment très angoissant... d'autant plus qu'indubitablement *nous la connaissions*, cette voix !

Avec stupeur, nous nous sommes écriés ensemble :
- « Mais... c'est toi, Louise ? »

Le grésillement est devenu plus fort et la voix s'est mise à réagir fébrilement dès l'instant où nous l'avons interpellée par son prénom supposé. Elle a aussitôt rassemblé tous ses efforts pour se faire mieux entendre... Son débit est alors devenu plus rapide et nous avons reçu une sorte de ¨bouffée¨ de son souffle comme un acquiescement. C'était si intense... Elle nous disait :
- « Oui, oui... ! »

Et nous quatre qui étions là à l'écouter en même temps, nous avons soudain capté son odeur... Cette odeur si particulière, celle qui s'en était dégagée lorsque Louise était mourante. Comment cela se pouvait-il... ?

Nous n'en savions alors que peu à ce sujet mais, depuis, nous avons pu observer que dans le domaine de l'Invisible, surtout lorsque les âmes sont en souffrance et veulent régler un contentieux avant de se reposer, elles parviennent à puiser dans l'éthérique de notre monde une énergie de densification pour essayer de se faire ultimement entendre dans l'espoir de pouvoir passer enfin à autre chose.

Dans une sorte de souffle qui se cherchait lui-même, phrase après phrase, Louise nous affirmait que nos présomptions étaient justes et nous demandait d'agir afin de révéler la vérité au sujet de sa fille.

Dès que nous lui avons promis de faire tout ce qui était en notre possible, le grésillement s'est amoindri, l'odeur s'est dissipée et la ligne téléphonique est redevenue totalement claire. Louise était partie sans rien dire de plus... Elle avait ¨raccroché sa ligne¨ de l'Invisible.

Pouvez-vous imaginer à quel point nous avons été ébranlés par l'intervention de Louise qui, de l'Au-delà, avait essayé d'obtenir justice pour Emma ? Les liens ne se dissipent jamais... et encore moins ceux de l'amour !

Quant à la justice, pas celle des hommes, c'est définitivement l'Espace du Divin qui en détient les clés. Par définition, le Temps prend son temps...

*

Les petites lumières du cœur...

Un coup de fil outre-atlantique... C'était celui d'une infirmière, l'infirmière de Claude, la maman de mon époux. Claude, dont l'état de santé s'était subitement détérioré, vivait en France et voulait nous faire savoir qu'elle souhaitait que nous allions la rejoindre. Son infirmière venait de lui mettre le combiné du téléphone en main… C'est une voix toute faible à la respiration sifflante que nous avons alors entendue de l'autre côté de la ligne…

- « Claude, ça ne va pas ? C'est Daniel et Marie…

- « Oh, mes enfants…Prenez vite un taxi… » nous a-t-elle enfin lancé d'un seul trait.

- « Bien sûr maman, attends-nous ! Nous arrivons au plus vite… Le temps de trouver le taxi. Nous t'embrassons très fort ! Ne t'inquiète pas… ».

Claude ne se souvenait évidemment plus que nous vivions de l'autre côté de l'océan… mais à quoi bon encore ajouter à son stress en le lui rappelant ? Il était évident qu'elle était en partance, plus rapidement que nous ne l'aurions cru, et qu'elle le sentait.

La maison de retraite avait peut-être trop tardé à nous informer de sa dégradation de santé. Bien que de bons amis à nous la visitaient plusieurs fois par semaine pour savoir si elle ne manquait de rien, ils n'avaient pas, eux non plus été informés de son état.

Bien sûr, trouver le plus rapidement possible un avion du Québec vers la France ça ne se fait pas en un claquement de doigts. Par bonheur, nous sommes malgré tout parvenus à trouver un vol pour le surlendemain…

Comment ne pas être ¨sous pression¨ durant un tel voyage ? À peine avions-nous eu le temps de récupérer nos maigres bagages que déjà un appel sur notre portable nous annonçait le décès de Claude… Quel chagrin ! Le départ d'une mère sera toujours le départ d'une mère. Nous étions arrivés trop tard…

On nous a rapidement donné les informations sur le lieu où elle était prise en charge puis l'heure où elle serait en veillée.

Le lendemain, les bras chargés de bouquets de roses et de lys, nous sommes entrés dans la petite chambre où Claude était exposée…

Je me souviens des lampes torchères allumées sur les murs à côté du cercueil… Un décor classique certes, mais… pas anodin pour nous car celles-ci se sont mises à clignoter avec une certaine cadence.

Les yeux fermés et vêtue de sa plus jolie robe, Claude nous attendait dans son dernier sommeil. Même dans la mort, elle nous signifiait clairement qu'elle nous voyait et nous avait attendus…

- « Eh bien oui, Claude, nous voilà enfin ! … me suis-je écriée intérieurement sachant très bien que le langage télépathique est pleinement reçu dans de semblables circonstances. Tu vois, nous avons bien pris le taxi mais il y avait tant d'embouteillages… Enfin, tu vois, nous sommes là et tellement heureux de pouvoir te tenir la main et de t'offrir ces belles fleurs. Comme tu t'es fait belle et comme tu as l'air reposée. »

Les lumières se sont arrêtées un instant et puis ont repris leur danse de lumière de plus belle comme un acquiescement à la réception de mes mots. C'était touchant de simplicité et de vérité…

Le départ d'une petite maman toute simple qui n'avait jamais voulu déranger au point où elle passait tout son temps à s'effacer… et à faire passer les autres avant elle.

Nous avons vécu ces trois jours à rester en conscience avec elle, avec une famille fort réduite et quelques amis avant la cérémonie puis l'incinération qui était son choix. Daniel lui a alors rendu un bel hommage durant lequel je n'ai cessé de sentir très concrètement Claude à mes côtés. Enfin, le directeur du funéranium nous a remis ses cendres encore toutes chaudes dans une jolie boîte en bois de rose que j'ai tenue dans mes bras… et que, toujours selon son souhait, nous avons mise en terre près de sa fille Martine, partie avant elle. Mais Claude-la-si-discrète n'avait pas dit son dernier mot…

Quelques jours plus tard, de retour chez nous et lors d'une halte face à un bureau de Poste, quelle ne fût pas notre surprise de la voir assise dans notre voiture, tel un hologramme.

Pour Claude, il n'était pas trop tard pour voyager, ce qu'elle avait si rarement fait, et même traverser l'océan maintenant qu'elle avait des ailes. Pas un mot de sa part mais une présence tout en sourire, un souffle d'âme à âme tel un ultime cadeau…

*

Un lampadaire sous la neige

Les liens que nous entretenons avec nos parents facilitent souvent des contacts qui se rient de nos espaces et des limites que notre société se plait à poser comme pour se rassurer face à ce qu'elle ne peut cerner. Voici un témoignage concernant cette fois ma propre mère…

Maman est décédée dans une Résidence pour personnes âgées après une très, trop longue maladie. C'était un 30 mars… Nous étions en pleine pandémie et on ne pouvait qu'être seul à son chevet… Une intransigeance sans nul doute excessive dans l'accompagnement d'une agonie qui devait durer plus de 72 heures.

Elle souffrait depuis de longues années de la maladie d'Alzheimer et son état de confusion ne lui permettait vraisemblablement pas de comprendre la situation qui était sienne. Une histoire que trop d'entre nous connaissent, évidemment, et qui est souvent ponctuée par des cris de souffrance dénonçant l'impuissance des anti-douleurs parfois distribués parcimonieusement… Toujours le fameux manque de ressources et aussi peut-être d'oreilles humaines, c'est-à-dire d'empathie… puisque dans certains milieux il n'est plus envisageable de parler de compassion. On tombe alors vite dans l'horreur.

Cela s'est donc passé en pleine nuit entre un 29 et un 30 mars. Maman s'est envolée dans une chambre exigüe, à 1h50, alors qu'aucun de ses enfants ne pouvait être présent. Une solitude ou une sorte de quiétude mystérieusement choisie? J'ai souvent remarqué qu'une âme, qu'elle soit humaine ou animale ¨s'arrangeait¨ pour être seule ou pour se mettre en retrait au moment de son départ. Un poète a dit un jour que ¨*Les oiseaux se cachent pour mourir*¨. Je crois que c'est assez vrai et qu'il y a une Puissance au-dessus d'eux pour les y aider.

En ce qui concerne maman, mon frère l'avait quittée à peine une heure avant… Épuisé, il s'en était allé après qu'on lui ait dit que, probablement, elle allait passer la nuit. Mais non… elle a profité de l'absence de nous tous pour laisser aller son dernier souffle.

Au petit matin, les services funèbres sont venus chercher son corps en pleine tempête de neige. Les arrangements étaient pris déjà… Évidemment, en pleine pandémie, pas de fleurs, même pas une visite autorisée au funéranium avant la crémation prévue trois jours après… Avec les vêtements neufs que je venais de lui acheter ainsi que la gerbe de lys et de roses de soie placée entre les bras, je l'ai trouvé belle sur la photo d'elle qu'on nous a envoyée… Même avec son petit sourire crispé. Elle était digne… et jamais je n'oublierai cette image même si je n'ai pas voulu la conserver. C'est douloureux de ne pas pouvoir ultimement toucher, rendre à jamais plus ¨réels¨ ceux qu'on aime…

Consciente des possibles difficultés de passage qui pouvait être le sien et du réveil, peut-être lent, de sa mémoire sur l'autre versant de la vie, j'étais inquiète pour elle car je me doutais qu'elle traverserait sans doute un long couloir…

Mais voilà… Voilà que le soir du 30, vers 21 heures, le puissant ¨spot¨ blanc fixé à un très gros arbre devant notre maison s'est soudainement mis à clignoter fébrilement comme un stroboscope. C'était très troublant à voir, d'autant plus que même en essayant de le déconnecter à partir du compteur électrique intérieur, il continuait de plus belle ses ¨flashes¨ jusqu'à même éclairer la maison voisine. Une intrigante lumière blanche dans un paysage encore enneigé après une tempête… Un dernier aurevoir? Un appel à l'aide? Cela a duré au moins trente minutes…

Je savais que c'était maman, que ce ne pouvait être qu'elle et je me sentais impuissante. Le visage collé contre la vitre je lui ai alors parlé…

- «Maman, je sais, je t'entends, je sais que tu as certainement peur, que tu es égarée, que tu ne comprends pas… mais apaise-toi, je suis là et je te tiens la main. Je ne te laisserai jamais tomber, petite maman… J'ai vu ta lumière, je suis avec toi … Tu m'entends ? apaise-toi, tu n'es pas oubliée.

Les clignotements se sont presque immédiatement arrêtés… je savais que dans le ¨sas¨ même brumeux de sa conscience elle m'avait bien retrouvée, qu'elle sentait ma présence.

Après ? Eh bien… après c'est une longue histoire ¨de l'autre côté du miroir¨ pour continuer à l'aider.

*

Oserai-je dire que le type de phénomène illustré par les exemples de Véro, de Louise, de Claude puis de ma propre mère est courant ? Peut-être pas... mais il est néanmoins relativement classique et plus fréquent qu'on ne le pense. Les communications par voie ¨technique¨ se sont en fait multipliées lors des dernières décennies, au rythme où les avancées technologiques se sont affinées. Il ne faut pas s'en étonner car, outre la généralisation de l'électricité, les communications par voie hertzienne et maintenant par satellite sont du domaine de l'Invisible sans qu'on pense seulement à leur en donner le nom.

Oui... c'est un fait, nous vivons désormais constamment, quotidiennement et tout naturellement, dans un monde en pleine connexion avec un certain Invisible. Mais la lumière électrique et le téléphone ne sont plus les seul outils technologiques dont les âmes des défunts peuvent parfois se servir afin d'entrer en contact avec nous. Il arrive que des écrans de télévision, des appareils d'enregistrement sonore jouent le même rôle d'intermédiaires, sans oublier l'Internet sur lequel elles parviennent, de temps à autre, à faire apparaître de brefs messages.

En se ¨dématérialisant¨ de plus en plus dans le domaine de la communication sonore et visuelle, notre société jette continuellement des ¨ponts¨ vibratoires entre elle et les niveaux de réalité qui lui sont parallèles.

Quand s'en apercevra-t-elle ? Quand le reconnaîtra-t-elle ? Ce serait une révolution des consciences... Il est certain pour moi qu'une multitude d'égos campés sur leurs positions hyper matérialistes n'y tiennent absolument pas car c'est toute leur conception de la vie qui volerait dès lors en éclats.

Mais que se passe-t-il pendant ce temps du côté des défunts ? Qu'est-ce qui fait que certains d'entre eux, et pas d'autres, parviennent à établir une connexion technique avec quelques-uns de leurs proches parfois dans le désarroi ? Faut-il en faire des élus, des âmes privilégiées pour des raisons qui nous échappent ? Faut-il les penser elles-mêmes particulièrement désemparées pour bénéficier d'un tel moyen de communication ?

Je ne crois pas qu'il soit possible de donner une réponse précise à ces interrogations, une réponse qui, de plus, serait valable pour tous les cas. Il est clair que chaque âme a son histoire, autrement dit son bagage karmique, avec ses forces et ses fragilités et aussi le potentiel plus ou moins développé de sa volonté.

Il me semble en fait qu'il y a des formes d'urgences - du moins ressenties comme telles par certaines âmes - qui font que celles-ci tentent de réunir et d'utiliser tous les moyens existant sur Terre pour pouvoir donner signe de vie ou alerter sur certaines situations vécues comme injustes ou souffrantes des ¨deux côtés de la vie¨.

Le type de communication par voie technologique dont j'ai témoigné ici nous montre en tout cas à quel point notre monde et ¨l'autre¨, sinon ¨les autres¨, sont proches et évoluent de façon similaire.

Cependant... n'oublions pas que les avancées technologiques ne doivent en aucun cas nous inciter à rechercher des contacts avec l'Au-delà. Celui-ci s'exprime toujours à son rythme. Il faut le respecter et surtout ne pas le solliciter. Un rideau est parfois translucide, parfois opaque mais s'il existe, c'est qu'il a sa raison d'être.

Chapitre VIII

Jeanne et le choc

Une inoubliable transmission

J'ai connu il y a longtemps une femme que j'aimais beaucoup. C'était une guérisseuse et elle se définissait avant tout comme une amoureuse de Jésus même si elle n'était pas pratiquante... Elle se prénommait Jeanne ; je m'en souviens comme d'une personne très altruiste, généreuse et qui ne se plaignait jamais. Elle était de ma famille par alliance.

Diplômée des Beaux-Arts de l'Université Laval à Québec, elle avait notamment peint un tableau grandeur nature de ¨son amoureux¨... Une œuvre assez touchante et réaliste qu'elle avait placée dans sa chambre. Elle vouait à ¨son¨ Jésus une immense dévotion et lorsqu'elle nous regardait on ressentait invariablement en elle une profonde compassion ainsi qu'une infinie tendresse.

Un jour, elle m'a dit :

- « Quand je ne serai plus de ce monde, tu continueras à soigner toi-aussi, tu as ce don et Il, ¨Lui¨, est avec toi… je le sais. Je le vois ! Nous sommes toutes deux des amoureuses de Lui… depuis très longtemps… »

Plusieurs années plus tard, Jeanne s'est effondrée soudainement, sans crier gare, sur le sol de sa cuisine, victime d'un infarctus foudroyant, laissant sa famille et ses proches en larmes… totalement désemparés par sa mort si subite.

Lors de la veillée funèbre qui lui était consacrée, je me suis tout naturellement approchée de son cercueil afin de déposer quelques roses sur elle. Elle les aimait tant et je savais combien ces fleurs et leur symbole sauraient l'accompagner durant son passage, son envol.

Je n'étais pas seule avec elle à ce moment-là ; un couple d'amis m'accompagnaient. Attentifs, ils se tenaient légèrement en retrait derrière moi, sentant que j'avais besoin d'un moment un peu privé avec Jeanne dont le visage était incroyablement serein et aussi blanc que neige. Un léger sourire s'y était dessiné comme pour exprimer un envol doux malgré sa fulgurance… Ses mains étaient jointes sur sa poitrine, blanches aussi et glacées.

Après lui avoir intérieurement soufflé quelques mots, j'ai posé ma main droite sur son front puis sur ses deux mains tout y en dessinant discrètement une croix. Ensuite, de ma main gauche, j'ai disposé les roses sur elle. Quant à ma main droite, elle n'avait pas encore quitté les siennes, jointes, lorsque j'ai soudain reçu une décharge électrique assez forte pour que je laisse échapper un cri et fasse un bond en arrière.

- « Que se passe-t-il ? » m'ont demandé mes amis, décontenancés.

- « J'ai reçu une grosse décharge électrique… Pas un petit choc mais comme si j'avais les doigts branchés directement sur le courant… »

- « Mais voyons, c'est impossible ! Jeanne est décédée… Tu es trop émotive… et d'où aurais-tu pris cette décharge ? De son cercueil ? Pourtant tu n'es pas la première à la toucher et personne n'a semblé ressentir la moindre secousse… »

- « La décharge venait vraiment d'elle ! De ses mains ! Je le sais… »

Timidement, mes amis se sont alors approchés à leur tour de Jeanne pour lui toucher également les mains. Mais rien ! Absolument rien. Aucun choc…

- « Tu vois bien, nous n'avons rien ressenti, nous non plus. Le chagrin t'a peut-être fait t'imaginer que tu recevais une décharge. C'est juste de la nervosité, voyons… et puis, l'électrostatique, ça existe… »

- « Écoutez, je sais bien la puissance de ce que j'ai ressenti, ai-je chuchoté pour ne pas troubler davantage l'atmosphère de recueillement qui s'imposait. Je suis certaine que Jeanne m'a transféré une énergie et passé en même temps un message de ¨rappel¨… C'est une vieille histoire entre nous deux.

Je sais que pour vous c'est de l'ordre de l'impossible mais pour moi non ; les doigts m'en brûlent encore et sont toujours engourdis… »

J'ai eu besoin de me mettre à l'écart. Sans attendre davantage, je me suis un peu éloignée du cercueil pour m'intérioriser et j'ai presque aussitôt entendu la voix de Jeanne. C'était elle, avec sa tendresse si particulière…

« Ma chérie, je ne voulais pas te faire mal ni te faire sursauter... c'était seulement pour te rappeler notre pacte. Je vais bien, je suis enfin de retour à la maison et j'ai revu Son visage. Que de beautés et de Grâce ici... Oh, si tu savais... ! »

Des paroles que, soyez-en convaincus, je n'oublierai jamais, au même titre que mon pacte secret avec Jeanne.

*

À ma connaissance les phénomènes de ¨transmission d'énergie¨ sont assez rares. Si j'ai tenu à témoigner ici, en quelques lignes brèves, de celui que j'ai vécu, ce n'est certainement pas pour m'attribuer quelque ¨pouvoir¨ mais pour mettre en évidence d'une façon différente encore la proximité des mondes et les liens qui unissent certaines âmes au-delà de ce nous appelons si petitement ¨la vie¨ sans soupçonner l'immensité de ce que celle-ci peut exprimer.

La notion de ¨pouvoir¨ est d'ailleurs à mes yeux totalement dépourvue de sens ou tout au moins de valeur. Elle repose sur une arrière-pensée souvent non avouée de domination ou de contrôle ; elle est donc incompatible avec toute recherche intérieure authentique et le moindre alignement avec la Source de Lumière d'où procèdent tous les mondes. Elle est ainsi absolument contraire à toute attitude d'humilité naturelle et spontanée qui donne accès sans tromperie à l'univers de l'Invisible.

Je préfère parler d'un possible transfert de sensibilité dans un but constructif au sein d'une même famille d'âmes… ce qui m'amène à dire que Jeanne et moi étions - ou plutôt sommes - de la même profonde parenté.

Je considère évidemment un transfert de cette sorte comme un cadeau dans la mesure où il agit vraisemblablement à la manière d'un ¨accélérateur¨ sur le chemin de l'incarnation en cours. Vous comprendrez alors que cela induit une responsabilité car la réception d'un potentiel demande que nous en soyons dignes et en fassions ¨quelque chose¨.

Cela induit aussi cette attitude qui est de ne rien avoir à prouver de ce qui me tient à cœur et sur laquelle j'ai déjà insisté.

La notion de Service demeure donc à sa base... tout en sachant que nul ne peut résoudre les difficultés de tout un chacun. L'image et le modèle de Jésus, si précieux pour Jeanne, nous rappelle d'ailleurs que, dans sa mission de thaumaturge, Celui-ci ne résolvait pas les maux de tous ceux qui venaient à Sa rencontre.

L'Amour seul, sans jugement ni attente, restera toujours la seule énergie secouante, le seul fil conducteur actif capable d'unir les âmes et les mondes.

Chapitre IX

Yves et son déni

Yves, est décédé subitement d'un infarctus à son domicile, juste au moment où son épouse, Jackie, revenait de faire des courses alimentaires. Il allait l'aider à transporter les sacs lorsqu'il s'est effondré visage contre terre sans même avoir pu lui ouvrir la porte.

Il n'a pas compris ce qui lui était arrivé car son décès avait été fulgurant. Il n'a rien senti mais il s'est barricadé en lui-même, niant farouchement l'évidence de sa soudaine ¨invisibilité¨.

Yves ne croyait en rien. Il se disait athée. Pour lui, la mort c'était la fin, la fin de tout.

Et pourtant, il était bien là, debout dans sa cuisine à regarder un corps étendu sur le plancher, une femme en pleurs à son côté… Était-ce son épouse ? Oui, semblait-il… C'était totalement insensé ! Et puis il y avait des ambulanciers qui pratiquaient des manœuvres de réanimation sur ce corps toujours inanimé. Il ne les avait pas vu venir.

Tout se désorganisait dans sa tête… Comment se faisait-il que sa femme ne l'entende pas, ne le voie pas, alors qu'il venait de se pencher à quelques centimètres de son visage en larmes ?

Abasourdi par la scène, il avait bien vu aussi qu'après un certain temps les ambulanciers avaient mis le corps de l'homme sur une civière tout en continuant leurs manœuvres puis que l'ambulance avait rapidement démarré.

Mais près de lui, dans la cuisine, il y avait Jackie qui pleurait toujours. Quelque chose lui disait qu'elle essayait d'appeler son frère et son fils.

- « Jackie, Jackie, c'est moi, je suis là, c'est Yves ! Mais pourquoi ne me regardes-tu pas, enfin ? Qu'est-ce c'est que ce cauchemar ? » s'était-il alors demandé, irrité.

C'était fou… Lui, il allait bien, il était chez lui !

Résigné et fatigué de toucher sa femme sans qu'elle réagisse, il était finalement allé s'asseoir sur une chaise comme s'il allait se sentir mal. Mais voilà que lorsqu'il a aperçu son beau-frère et son fils cadet qui venaient d'arriver, il a bien fallu qu'il admette que, eux non, plus ne le voyaient pas.

Son malaise s'amplifiait… Il ne comprenait plus rien à rien lorsque tout à coup il s'est senti happé par une sorte de courant d'air jusqu'à se retrouver allongé sur une plaque métallique. Était-ce une civière ? Un drap le recouvrait. Il avait terriblement froid et se sentait seul, abandonné dans une pièce. Pourquoi était-il là ? Que se passait-il au juste ?

Le temps d'un battement de paupières, son corps s'est mis à tourbillonner tel un ballon incontrôlable, passant à travers les murs, flottant vers un vague plafond… pour finalement atterrir chez lui, dans sa chambre. Jackie était déjà couchée, assommée par un sommeil comateux, le visage bouffi par trop de pleurs… Elle était à sa place mais lui, Yves, il n'y était pas, le drap et les couvertures n'étaient même pas tirés de son côté.

Non, bien évidemment, c'était normal puisqu'il ne s'était pas couché et revenait d'un endroit dont il ne savait strictement rien !

Alors, sans davantage pouvoir réfléchir, il a pris sa place dans le lit et essayé de réveiller son épouse pour la rassurer et lui dire qu'il était bien là, qu'il était revenu. Surtout, il lui tardait de savoir qui était cet inconnu qui avait été trouvé dans leur cuisine et qu'on avait emmené en ambulance.

Mais Jackie ne se réveillait pas, elle dormait d'un sommeil de plomb et ne réagissait pas non plus à la pression de sa main sur son épaule…

Ah… bien sûr, elle avait dû prendre un somnifère ! Il en voyait la bouteille sur la table de chevet. Demain… oui, demain, ils auraient l'occasion d'en discuter paisiblement.

Une grande fatigue s'est tout à coup emparée de lui. Il s'est senti vidé de ses énergies et a éprouvé une immense tristesse. Évidemment, après tous ces évènements auxquels il ne comprenait strictement rien, n'était-il pas normal d'être secoué ?

Tout à coup, il a aperçu une clarté puis un couloir qui l'appelait dans mouvement tourbillonnant très rapide… Il tournait, tournait, chavirait à une vitesse qu'il ne pouvait contrôler et se voyait de plus en plus aspiré par une lumière… une lumière qui éclairait tout… tout au fond. Et il ne pouvait rien contre cela, tout échappait à sa volonté ! Un mauvais rêve ?

Et voilà que sa mère décédée depuis fort longtemps était maintenant là devant lui et lui souriait… Elle était si jeune ! Cela le ramenait aux souvenirs de son enfance… Et cet homme à côté d'elle, c'était son père ? Pourquoi étaient-ils là à lui sourire ? De ses bras, Yves s'était mis à balayer les airs dans toutes les directions pour chasser ce qui ne pouvait être que des hallucinations. Des fantômes ? Allons-donc… Allez-vous en ! Vous êtes morts, pas moi… Que me voulez-vous ? Je veux dormir. Je suis fatigué !

Mais une voix venue il ne savait d'où lui répétait qu'il était bien mort lui aussi… que ses parents étaient simplement venus le chercher et que tout irait bien.

- « Me chercher ? Ah non ! avait-il répondu, excédé. Qu'est-ce que c'est que cette histoire ? Laissez-moi ! »

Alors, Yves sombra dans un lourd sommeil, un sommeil sans couleur, un sommeil où il n'y avait rien, où il ne se passait rien mais avec néanmoins la sensation confuse d'être étendu dans une pièce désespérément vide…

Rien sauf une voix qui lui susurrait ¨*Allons, tu as quitté ton monde, viens avec moi…*¨ Où l'avait-il déjà entendue ? Elle ne lui était pas inconnue.

- « Oh… allez, je vous entends bien, je ne suis pas mort… juste un cauchemar. Réveillez-moi, sortez-moi donc de lui ! »

Mais qui appelait-il au juste ?

À nouveau, il a perçu son corps enveloppé d'un froid plombant qui s'acharnait à engourdir sa conscience et lui imposait une autre vague de sommeil. Le temps qui passait n'avait plus de sens… Il estompa tout jusqu'à ce que, émergeant de nulle part, une autre scène se présente à lui…

Il se trouvait dans ce qui semblait être un rassemblement consacré à des funérailles. Un pauvre décor dépourvu d'une once de sacralité… Une salle anodine à la clarté blafarde puis quelques gerbes de fleurs, à côté d'une urne de bois foncé… et enfin, sur une sorte de trépied, sa photo dans un cadre ! ! !

Son épouse, Jackie, était assise non loin de là, digne, au premier rang de l'assemblée, entourée par ses fils et la famille élargie.

Tous étaient attentifs à l'éloge funèbre qui était en cours… Un homme parlait de lui, Yves, avec les mots du passé, il prononçait son nom avec une sorte de respect forcé. C'était absurde, il était là, bien vivant ! Encore ce cauchemar qui se prolongeait… Il ne s'en sortait pas ! La colère puis la panique se sont alors emparées de lui pour la première fois.

Mon époux et moi étions là, à quelques mètres seulement parmi ceux qui assistaient à l'officialité du service funèbre, bien conscients toutefois que nous étions tous deux les témoins d'une scène que personne d'autre ne soupçonnait.

Yves a commencé à s'agiter debout à proximité immédiate de l'urne et de sa photo… Tandis que l'officiant continuait son éloge on ne peut plus conventionnel, nous le vîmes soudain essayer de s'emparer du micro… Un geste d'exaspération qui a aussitôt causé un énorme grésillement suivi d'une vraie cacophonie dans les haut-parleurs…

Mais le célébrant avait beau s'excuser du problème technique, il n'arrivait pas à le résoudre et fut contraint de parler sans micro… Je me souviens particulièrement de cette scène bien pénible pour tous…

Yves qui paraissait enfin avoir retrouvé un peu plus de quiétude n'avait vraisemblablement toujours pas réalisé qu'il était décédé ou tout au moins il refusait d'y croire. Cependant, au fond de moi, je sentais qu'il demandait enfin de l'aide malgré son déni tenace.

Il est hélas toujours difficile d'aider à contre-courant… Il nous fallut donc quelques jours, bien évidemment, pour aider Yves à sortir de son ¨sas¨ mental tissé de pensées d'incompréhension et de refus avant qu'il ne rejoigne la qualité de lumière qui pouvait s'ouvrir à lui. Finalement, escorté par sa famille d'En-haut et nous en arrière-plan, il s'est ¨résigné¨ à avancer et à sortir de son impasse. Il osait enfin espérer… Il fallait impérativement qu'il fissure sa prison mentale.

Ce récit, hormis les remarques personnelles dont je l'ai assorti, c'est Yves lui-même qui m'en a communiqué le déroulé et les détails. Cela s'est fait progressivement, hors corps, à partir du moment où j'ai commencé à pouvoir me relier à lui pour l'aider à se débarrasser de sa prison mentale à l'approche de ses parents. Depuis, il tenu à ce que je témoigne de son chemin de ¨libération¨ afin que l'on sache comment il avait pu avancer vers ¨son ciel¨ à lui. C'est maintenant chose faite.

En me confiant sa traversée solitaire, il fermait une boucle de souffrance et se libérait de son existence terrestre. Il a avancé vers sa guérison et a réalisé que oui, bien sûr, il était toujours vivant mais simplement *autrement* parce que sur un autre ¨canal vibratoire¨ de l'immensité de la vie…

*

Le départ de Yves est à mes yeux particulièrement représentatif, voire emblématique, de la situation que vivent bon nombre de défunts face à leur nouvel état dès lors que, leur vie durant, ils ont préféré éviter toute réflexion ouverte quant à la nature-même de ce qu'on appelle la mort.

Mener une réflexion sur ce phénomène incontournable est d'une extrême importance. Ce n'est assurément pas le provoquer mais apprendre petit à petit à en pénétrer le sens. Il n'y a là rien de morbide et il ne s'agit pas d'un questionnement ¨religieux¨ mais simplement humain. Le fait de se dire athée, comme Yves par exemple, n'a rien à voir avec l'essence fondamentale de la mort. Ainsi, s'ouvrir à l'idée de la possible continuité de la pensée, à la persistance de la conscience une fois que le cœur a cessé de battre puis que le décès est effectif n'est pas dépendant de la croyance en un Dieu. C'est cela-même qui, pour beaucoup d'entre nous, semble difficile à comprendre et les bloque, puis les désempare parfois aussitôt le Portail franchi.

À mon avis, après toutes ces années passées en aides ou tentatives d'aide, il me semble que le blocage en question est d'abord une question d'orgueil de la part de ceux qui le construisent en eux à la manière d'une prison.

Il y a une parenté entre orgueil et déni. Un égo qui se conforte coûte que coûte dans ses positions face à l'évidence de ce qu'il vit et constate est en réalité très souffrant parce qu'il met en scène ses propres limitations. On dit toujours qu'il n'y a pas de pire aveugle que celui qui ne veut pas voir... et il est clair que l'on ne veut pas voir ce qui nous fait peur, met en péril nos certitudes ou ébranle notre définition du rationnel. En fait, c'est la liberté, l'absence de bornes tangibles qui font peur et font opter pour le déni.

L'histoire du départ de Yves est également intéressante dans la mesure où celui-ci a tenu à ce qu'elle prenne finalement la forme d'un témoignage en me confiant en détails son vécu. C'est un signe significatif quant au chemin parcouru assez rapidement par son âme au sein de son Kamaloka.

¨Son ciel¨ immédiat a donc été à la mesure de ce qu'il a été capable de concevoir de sa ¨survie¨ auprès d'une image idéale de ses parents, indispensable pour son réconfort et l'initialisation de la nouvelle vie qu'il était en passe de se créer.

Chapitre X

Dans les couloirs d'un hôpital

La dame en cardiologie

Notre vie ou plutôt les vies hors-corps des êtres que nous sommes sont extraordinairement intenses. Je veux dire bien sûr hors corps physique… Selon mon expérience, le milieu hospitalier est peut-être le meilleur endroit pour s'en apercevoir si tant est que l'on ait l'âme sensitive et le cœur en accueil. Un fait, un hôpital est une véritable zone de transit et il y flotte bien des âmes qui ne comprennent pas ce qui leur arrive… Il y a tant à faire pour que se ascenseurs ne soient pas autant de monte-charges !

Voici trois récits, quelques souvenirs parmi d'autres…

C'était un jour comme j'en ai souvent vécus dans ce grand Centre hospitalier de la ville de Québec. J'y travaillais alors en Pharmacie auprès de nombreux malades en soins intensifs, urgence et trauma. Comme d'habitude, je faisais ma tournée des patients afin d'ajuster leurs médications à leur dossier de prescriptions. Il était environ dix-huit heures et j'étais de garde pour le week-end.

Le couloir de l'unité coronarienne était presque désert, mis à part le comptoir des infirmières qui, sans doute fatiguées par une longue journée, discutaient entre elles... Enfin, pas tout à fait désert car, à quelques mètres à peine de moi, j'ai tout à coup aperçu un tout jeune homme d'une quinzaine d'années manifestement désemparé et à la limite d'une crise de panique...

Il était assis à même le sol, pleurant et demandant de l'aide. Je m'en suis aussitôt approchée, étonnée que les infirmières ne s'en soient pas occupé, comme s'il était inconsistant. J'avoue avoir ressenti une certaine colère face à leur total désintérêt. Était-il à ce point ¨invisible¨ ?

- « Qu'est-ce que tu as ? »

- « Docteur, me fit-t-il d'une voix tremblotante en voyant le sarrau blanc réglementaire que je portais, aidez-moi... Personne ne m'écoute. »

L'adolescent était visiblement en état de choc intense.

- « Je ne suis pas médecin mais pharmacienne… Peu importe, je travaille ici et je vois également les patients pour les soigner et leur venir en aide. »

- « C'est ma mère… Elle est arrivée en ambulance car elle avait mal à la poitrine mais je n'arrive pas à la voir et on ne me donne pas la moindre explication. Ils m'ont seulement dit que son cœur s'est arrêté dans l'ambulance et que c'est grave. Je ne sais même pas si elle est morte. Ça fait maintenant trois heures que j'attends à cette porte et personne ne me regarde ni ne m'aide… Je n'en peux plus ! J'ai trop peur ! Je ne sais pas quoi faire… »

- « Je vais justement là où ils ont emmené ta maman. Je vais m'informer et je reviendrai te dire… Elle s'appelle comment ? Et toi ? »

- « Lucie… Moi, c'est Gabriel. »

En quelques secondes, j'avais compris que Gabriel habitait assez loin et n'avait ni argent ni téléphone pour prévenir sa famille. Il se montrait si désemparé qu'au bout de quelques autres secondes il refusait le prêt du mien en me priant d'appeler la sœur de sa mère à sa place, ce qui fut vite fait…

J'avais de la peine pour ce jeune Gabriel visiblement légèrement déficient mental et sans autonomie faisant face tout seul à une terrible épreuve. Avec son visage doux, ses cheveux bouclés et sa façon mal assurée de regarder, il était évident qu'il n'avait aucune défense ; j'étais ahurie de constater que personne ne s'en était soucié et qu'on l'avait laissé assis devant cette porte... Dans le mouvement qui me portait, je lui ai pris un sandwich au distributeur.

- « Reprends des forces... Je vais voir ta mère. »

En entrant aux soins intensifs, j'ai aussitôt compté six patients dont deux femmes. L'une d'elle était branchée de partout et sous l'effet de sédatifs... L'infirmière responsable me confirma qu'elle s'appelait bien Lucie. J'étais soulagée... au moins, elle vivait !

- « Comment va-t-elle ? Son fils pleure à la porte depuis plus de trois heures. Il n'a que quinze ans et il est seul ! Pourquoi ne lui donne-t-on pas de nouvelles ? »

- « Il ne peut pas venir ici tant qu'on ne l'aura pas stabilisée. Son état est toujours critique. Deux arrêts cardiaques, vous comprenez... On l'a réanimée après un infarctus assez sévère mais maintenant on attend les examens et l'avis du cardiologue de garde, alors on ne sait pas. On ne se prononce pas. Et puis, je n'ai pas le temps de donner des informations... On a des patients ici, voyez-vous ! »

La prolifération mécanique de ses ¨on¨ si impersonnels m'a irritée même si je pouvais comprendre ses arguments.

- « Et l'empathie, vous connaissez ? Moi aussi j'ai des patients… » ai-je répondu, n'osant pas employer le mot ¨compassion¨, trop ¨spirituel¨ aux oreilles de certains.

Avant de quitter les lieux je me suis approchée de Lucie pour lui murmurer que je m'étais occupée de Gabriel.

Même si elle était inconsciente je savais qu'elle m'entendait. Et, surtout, je savais ce que son âme de maman avait besoin d'entendre.

Enfin, je suis sortie… furieuse contre un système médical qui semblait ignorer toute notion de détresse ou, pire, qui préférait tout ignorer de ce qui n'était pas technique dans un déni bien à lui.

Gabriel était toujours assis sur la chaise que je lui avais indiquée, le visage torturé. Sans lui mentir, je l'ai rassuré en lui parlant de confiance puisque sa mère était vivante.

- « Maintenant, je dois continuer ma tournée… mais… Tiens, ne serait-ce pas là ta tante qui arrive ? »

C'était elle… Gabriel s'est jeté dans ses bras et j'ai pu repartir, le cœur plus léger.

Quatre jours plus tard, j'avais presque oublié la brève rencontre de Gabriel et Lucie. Je faisais mon habituelle tournée à travers les étages lorsque quelqu'un m'a affectueusement sauté dans le dos. Je me suis retournée, c'était ¨mon¨ jeune adolescent.

À deux pas de là, une porte de chambre était entrouverte et une femme d'une cinquantaine d'années me faisait signe d'un geste de la main accompagné d'un petit sourire gêné. Lucie !

Gabriel à demi-caché derrière moi, je suis allée la saluer…

- « Madame, m'a-t-elle aussitôt fait, comment vous remercier ? Je vous ai vue de mon lit, l'autre jour… Je flottais entre le corridor et le lit d'hôpital, très inquiète pour mon fils… Vous savez, je traversais les murs et j'entendais tout ! Je ne contrôlais plus mon corps, je ne comprenais pas ce qui m'arrivait… et voilà, vous êtes arrivée comme un ange qui prenait soin de mon fils et qui le nourrissait après avoir appelé ma sœur… C'est grâce à votre intervention bienveillante, à votre présence à mes côtés dans le lit que j'ai pu enfin me détendre et me battre pour survivre… Votre amour a été ma bouée de sauvetage…

Merci, merci, je ne sais que dire d'autre. Soyez bénie, ajouta-t-elle les larmes aux yeux ; maintenant, lorsque la mort viendra me chercher pour de bon, je me souviendrai qu'il me poussera des ailes pour traverser les murs et aller vers l'Océan de *ce* qu'il y a après… »

*

Deux histoires d'ascenseurs…

Un soir, alors je terminais ma garde, j'étais accompagnée par un chirurgien en neurologie que j'aimais bien et avec lequel je travaillais régulièrement. C'était un homme silencieux, discret, ayant à cœur son travail et ses patients.

Comme souvent, nous nous sommes retrouvés devant les ascenseurs de l'étage des Soins intensifs et du Département de Neurologie. Nous les connaissions bien… trois grands ascenseurs d'aluminium brossé de deux mètres de haut qui reflétaient nos silhouettes dans une espèce de brouillard spectral. Ils étaient tellement impressionnants la nuit venant que nous les avions surnommés ¨Jésus, Marie, Joseph¨. Comme par jeu, ceux qui avaient l'habitude de les attendre les appelaient intérieurement par celui des trois noms qui leur ¨parlait¨ le plus.

Mais ce soir-là, nous n'étions pas d'humeur à plaisanter car notre journée avait été difficile. Des patients en état critique, un autre décédé. Après une bonne attente l'un de ces trois ascenseurs s'est enfin arrêté, affichant la flèche descendante synonyme de sortie… Ses portes se sont aussitôt ouvertes devant le Dr. X et moi. Un infirmier s'y trouvait déjà, en arrière d'une civière métallique transportant un corps recouvert d'un drap et muni d'une étiquette significative au gros orteil. Ce dernier était pointé vers nous et suggérait l'image de la morgue, au sous-sol.

Mais ce n'était pas tout car l'accueil allait immédiatement se montrer un peu plus réfrigérant que cela... Dans un coin, juste à côté du corps allongé, se tenait une grande forme blanchâtre assez précise, celle du défunt, debout et droit, le visage bien distinct et anxieux.

- « Vous entrez ? nous demanda banalement l'infirmier ? Je descends pour lui ... »

Je n'ai pu m'empêcher de chercher le regard du docteur X, à mes côtés. Il était figé... De toute évidence, il voyait, lui aussi, le défunt debout près de sa dépouille.

- « Euh... nous sortons, merci, avons-nous répondu de concert. Nous attendrons le prochain ascenseur... Il y aura davantage de place. »

Les portes se sont aussitôt refermées, nous laissant tous deux sur cette vision pour le moins inattendue et quelque peu lugubre.

- « Avez-vous vu la même chose que moi ? » ai-je demandé au médecin toujours immobile à mes côtés.

- « Le défunt ? Oh, vous savez, cela arrive parfois... Il y a des jours où je trouve ces visions plus lourdes... et d'autres où j'y suis moins sensible. Là, je dois dire que... »

Je me souviens que l'ascenseur ¨Marie¨ s'est alors ouvert devant nous, interrompant notre bref échange. Celui-là était vide. Nous nous y sommes engouffrés tous les deux sans plus attendre. Je n'ai pas pu retenir quelques mots.

- « Lorsque je parcours les corridors de l'hôpital, cela m'arrive régulièrement aussi. Mais j'ai rarement rencontré quelqu'un qui voyait comme moi. Merci de me l'avoir dit. Votre partage fait du bien… »

Arrivés au niveau ¨Sortie¨ et tandis que les portes de ¨Marie¨ se refermaient derrière nous avec leur bruit de glissières si caractéristique, le docteur X et moi nous nous sommes salués brièvement avec un sourire de complicité. Nous emportions, chacun de notre côté, notre ¨secret¨, sachant qu'il nous serait très difficile de nous en libérer.

Faut-il toujours oser briser les tabous ? Se taire ou entamer d'éternelles polémiques ? La question n'est près d'être réglée dans un monde qui ne veut pas de ¨certaines choses¨ qui pourraient trop élargir les horizons…

Peu de temps après, au mois d'octobre, je me trouvais à attendre un membre de ma propre famille qui allait passer une IRM. Une fois encore, c'était en soirée. La salle d'attente se trouvait juste devant deux vieux ascenseurs…

Tout à coup, un étrange ballet aux allures spectrales s'est mis à se dérouler devant moi. Aujourd'hui encore, j'ignore si c'est moi qui attire de semblables phénomènes... mais je croirais plutôt qu'ils se produisent régulièrement dans des lieux forcément très ¨habités¨.

Assise sur ma chaise de plastic, je ne pouvais faire autrement que d'observer les ascenseurs en question qui montaient et descendaient en faisant à chaque fois claquer leurs portes. Des êtres manifestement décédés parce qu'à demi éthérés en sortaient tandis que d'autres attendaient pour y monter. C'était comme le triste défilé de quelques âmes prisonnières du couloir créé par le déni de leur décès... Étaient-elles au moins conscientes de la possibilité d'avoir un jour une révélation qui les emmèneraient vers un ailleurs n'ayant pas l'allure d'une impasse ? Un ailleurs qui serait alors de la couleur de leur âme enfin dégagée de sa prison mentale... Ce n'était pas certain à en juger par leurs mines inexpressives.

Je savais bien qu'il m'était impossible d'intervenir de mon propre chef en plein milieu d'une telle ¨ronde cérémonielle¨. On ne s'impose pas lorsqu'on est à la frontière entre deux mondes. Et puis... aucun de ces ¨prisonniers¨ ne semblait se soucier de qui ou de quoi que ce soit. C'était si pénible à voir que je me suis levée pour aller attendre dans un endroit moins lourdement visité.

La personne que j'accompagnais est finalement sortie de son examen. Elle a dû me chercher quelques instants, pas très étonnée toutefois que je ne sois pas restée à la même place…

- « Euh… c'est à cause des ascenseurs, n'est-ce pas ? Tu m'en as déjà parlé. »

- « Leurs portes claquaient et sonnaient constamment alors qu'il n'y avait personne… Enfin, quand je dis ¨personne¨, tu me comprends ! Mais franchement je me demande de plus en plus pourquoi on appelle cela des ascenseurs, on pourrait aussi bien dire des descenseurs parce que je crains qu'ici on n'y fasse pas que des mouvements vers le haut !

Tu sais, j'aimerais tant que l'on puisse ¨nettoyer¨ des lieux comme ce Centre hospitalier, je veux dire les éclaircir, les purifier psychiquement, bien sûr… Ne serait-ce pas magnifique de pouvoir les transformer en véritables ascenseurs ?

Seulement voilà… quand on ne peut même pas y faire brûler un bâtonnet d'encens ! La crainte du feu, bien sûr… Mais quand on dit *Feu Monsieur Untel*, c'est un non-sens puisqu'on se préoccupe si rarement de la Flamme qui veut continuer de vivre en lui. On ne lui explique rien, on ignore celle-ci, on la balaie. *La Vie est chevillée à notre âme, elle ne peut pas se penser morte, quitte à tourner en rond et répéter les mêmes gestes…* »

*

Le milieu hospitalier est un espace d'exigence. Il n'en existe peut-être pas de plus demandant quant aux qualités humaines qu'il requiert. Tous ceux qui y œuvrent sont constamment mis à l'épreuve en étant passés au crible de leur cœur ou, si vous préférez, de leur conscience.

Si j'ai tenu à témoigner de ces trois petits récits en apparence assez anodins, c'est pour vous parler du regard qu'à mon avis il conviendrait de poser sur autrui, autrement dit de cette capacité d'attention qui devrait définir systématiquement l'humain. La médiumnité telle que je la vis ne me laisse pas de repos à ce sujet car elle ¨déshabille l'âme¨, celle qui nous est propre comme celle d'autrui. Elle affine ce qui devrait aller de soi : l'approche compassionnelle.

L'exemple de Lucie ne parle que de cela en présentant l'envers du décor de certaines situations. Sans l'écoute du désarroi d'autrui, impossible de distiller le moindre espoir même si, pour cela, il n'est aucunement nécessaire d'être doté de capacités particulières. Le cœur et l'oreille ¨placés au bon endroit¨ suffisent pour éclairer ceux qui peinent en leur éclairant un chemin.

Il faut bien comprendre que ce que nous appelons l'Invisible et ¨notre¨ visible sont intimement liés et interdépendants. Nos pensées comme nos actes génèrent ce qu'on pourrait appeler des ricochets multidimensionnels. Tout se touche et s'influence et notre présence en un lieu n'est jamais anodine sauf si on la considère ainsi en se mettant en retrait de ce qui se joue, par égoïsme ou inconscience.

Quant à mes deux autres témoignages liés aux ascenseurs, au-delà de leur aspect quelque peu spectral, ils pointent aussi du doigt la notion d'espoir. Ils posent la question suivante : Qu'est-ce qui a cassé l'espoir ou la confiance en la Force de vie de ces âmes engluées dans de véritables toiles d'araignée ? Si le déni de la mort ne dure qu'un temps - nous l'avons vu avec l'exemple-type d'Yves - c'est souvent le manque de considération, de respect et surtout d'amour qui engendrent des rondes absurdes, des routines dénuées de sens dans lesquelles s'enlisent certaines âmes. Le rejet, le mépris de soi fait aussi partie de ces blessures.

Et, croyez-moi, les hôpitaux ne sont pas les seuls espaces à être le théâtre de telles prisons mentales. Toutes les zones de transit, par exemple les aéroports ou les gares attirent et retiennent celles et ceux qui se sont égarés par manque d'espoir c'est-à-dire de perspectives ensoleillées.

S'il est bien évident que nul ne peut porter la souffrance du monde sur son dos, chacun d'entre nous a néanmoins la possibilité - et je dirais le devoir - de se faire porteur de soleil par son sourire, ses pensées de dédramatisation et les dialogues intérieurs qu'il peut entretenir là où il peut, en toute logique, deviner un manque, un vide. On peut bien sûr parler de prière si on le veut mais, personnellement, pour demeurer libre de toute foi qui serait perçue à la façon d'une barrière, je préfère le dialogue de cœur à cœur. C'est celui-là qui, avant tout autre, va créer des brèches dans les murs de la conscience de ceux qui vivent l'égarement au point de tourner en rond.

Certains me diront que ce sont peut-être les formes éthériques de décédés que j'ai captées dans le contexte des ascenseurs que j'ai évoqués. Non, hélas, car l'organisme éthérique n'est jamais qu'un relai énergétique entre le corps physique et les véhicules de la conscience. Dès qu'il est totalement séparé du corps du défunt, autrement dit dans les trois jours qui suivent le décès, il se désagrège progressivement dans l'Éther ambiant puisqu'il n'est pas habité par une conscience.

Dans le cas de mes deux exemples, on parle plutôt d'une sorte de zombification d'âmes engluées dans des dénis qui leur sont propres. Est-ce dramatique ? Rien ne l'est jamais car, comme je l'ai déjà signifié, aucun état de stagnation n'est définitif.... Il n'empêche qu'une âme qui s'est fermée à l'évidence de la vie est engluée dans une forme de tristesse qui peut laisser des cicatrices en elle durant des existences.

« Ces âmes se voient-elle entre elles ? » me demanderez-vous. Pas nécessairement mais tous les cas de figure sont possibles... Analogiquement, combien de personnes croisons-nous sur un trottoir sans leur porter réellement attention ?

Bien évidemment nous devons accepter nos limites personnelles et nul ne peut faire de lui un "sauveur" passant son existence à tendre des mains dans toutes directions surtout lorsque ces mains ne sont pas prêtes à se laisser saisir. Ainsi ne puis-je pas toujours intervenir face à des défilés de défunts emmurés en eux-mêmes… Mais, comme sur un trottoir, je me dis toujours qu'un simple sourire peut parfois faire un ¨sacré travail¨. Il peut être Le déclic…

Être un ¨Passeur de sourire¨, n'est-ce pas déjà formidable ?

Chapitre XI

D'une solitude à l'autre

Le message de Tony

Tony attendait une place en résidence depuis plus de trois ans quand je l'ai rencontré dans le Centre hospitalier où je travaillais. Il souffrait assez fort d'une fracture du bras et, dans la foulée des examens qu'il avait dû subir, un cardiologue lui avait diagnostiqué une insuffisance cardiaque sévère.

Tony était un vieil irlandais aux cheveux blancs et aux yeux d'un bleu très clairs qui le rendaient extrêmement attendrissant. Bien que sans famille et au terme d'une vie manifestement menée dans une grande solitude, il demeurait jovial… Sa chambre était vide de tout témoignage amical et, dans sa petite penderie de métal, l'absence de vêtements sur les cintres faisait peine à voir. Sa condition contrastait tellement avec celle des autres patients hospitalisés qui se paraient de leurs habits du dimanche pour aller, même péniblement en déambulateur, dans la salle où ils se réunissaient afin d'écouter les nouvelles du jour, de rencontrer leur famille et de prendre leur repas en commun.

Lui, Tony, était constamment en ¨tunique¨ d'hôpital et n'avait même pas de robe de chambre. Bien sûr, il aurait bien aimé rejoindre les autres mais son dépouillement était tel qu'il préférait rester dans sa chambre, me confia-t-il un jour, en ajoutant qu'il voulait préserver le peu de dignité qu'il avait encore.

Le week-end de congé qui suivit, n'écoutant que mon cœur, je n'ai pu m'empêcher d'aller lui chercher des chemises, un pantalon, des sous-vêtements, un pyjama et une paire de pantoufles. Cela m'avait semblé la moindre des choses. Sa solitude et son dénuement n'étaient pas tolérables.

Lorsque je suis allée lui porter ces vêtements qui lui permettraient de ¨sortir¨ enfin correctement pour rejoindre les autres dans la grande salle commune, il a pleuré longuement tout en effleurant de ses grandes mains les tissus empilés sur son lit.

- « Comment vous remercier, vous êtes si gentille de venir et m'offrir le nécessaire. C'est un grand cadeau pour moi. Vous êtes trop généreuse… Pourquoi ? »

Tony et moi nous nous sommes alors rapidement liés d'amitié, une confiance mutuelle est née et à chaque fois que j'allais à son étage, je restais quelques instants pour discuter avec lui.

- «Comme vous êtes gentille avec votre regard si clair… Et dire qu'il m'a fallu toute une vie pour vivre cela. Vous savez Docteure[1], j'aimerais m'endormir pour toujours, ma tête sur votre épaule en vous tenant la main. Je sens que ma fin approche et que vous ne l'ignorez pas…»

- «Allons Tony, ce n'est pas pour demain, voyons…» lui ai-je répondu en souriant.

- «Êtes-vous de service au travail en fin de semaine ? C'est si long ici et je ne suis pas rassuré.»

- «Non je n'y serai pas. Il n'y a que deux jours Tony et lundi je passerai vous voir… Promis !»

Le regard bleu du vieil Irlandais était embué de larmes…

- «C'est un ressenti, que je ne peux pas m'expliquer, murmura-t-il… Comme si quelque chose allait m'arriver bientôt et que vous n'y serez pas. Comment est-ce que je vais faire pour vous prévenir ? J'ai un peu peur. J'ai peur de mourir…»

---

1 Voir la note de la page 120. Le sarrau blanc traditionnellement porté par les pharmaciens et les médecins sont souvent source de confusion quant à nos titres officiels.

- « Je vais vous laisser mon numéro de téléphone à la maison, Tony… Ne vous inquiétez pas. Tout se passera bien. »

- « Vous croyez ? Je me sens si fatigué … Le cardiologue m'a dit qu'il me ferait d'autres tests la semaine prochaine… mais… ».

J'avais bien vu que depuis trois semaines Tony avait encore maigri et qu'il était davantage essoufflé… Son teint cireux m'inquiétait vraiment mais je préférais à coup sûr opter pour des mots de réconfort et d'espoir… Que pouvais-je d'ailleurs faire de plus ? Le vieillard était de toute évidence au bout de son parcours… Cependant, personne ne sait au juste quand la mort arrive et qu'elle joue, parfois sans prévenir, son rôle de ¨grande faucheuse¨ même si, en y réfléchissant bien, les moissons se font toujours dans les temps les plus justes.

J'ai adressé un grand sourire à Tony tout en lui faisant promettre de se détendre et de manger mieux… puis de sortir de sa chambre pour se changer les idées.

Il m'a adressé un faible sourire et fait un geste d'au revoir avec sa grande main tremblotante.

Je me souviens qu'en sortant de sa chambre, j'ai ressenti un petit frisson. Je me suis alors retournée… Tony avait fermé les paupières.

Le week-end est passé vite avec l'ouvrage qui m'attendait inévitablement à la maison, m'occuper de mes enfants, des courses et des repas… Le temps est même passé si vite que j'en ai oublié d'écouter le répondeur téléphonique.

De retour à l'hôpital le lundi après-midi, je suis montée à l'étage pour y voir des patients mais, plus que jamais, j'avais Tony en tête. Je lui avais d'ailleurs acheté une belle boîte de chocolats. J'avais hâte de la lui remettre pour le réconforter et prendre de ses nouvelles.

Une marche à pas rapides dans les couloirs… et là, arrivée devant sa chambre… j'ai trouvé un lit vide. Comment dire mon pincement au cœur ? Je me suis précipitée au comptoir des infirmières.

- « Bonjour, Tony n'est plus dans sa chambre… C'est vide. A-t-il été transféré aux urgences ? »

J'avais mal au ventre… Je voulais encore espérer.

- « Non, il est décédé dimanche après-midi. Il a fait sa sieste comme d'habitude mais il ne s'est pas réveillé. »

- « Oh non… Je lui avais promis… Il est mort seul alors ? Il avait si peur ! »

L'infirmière a haussé les épaules.

- « Vous savez tout aussi bien que moi que les gens meurent ici. C'est normal… »

J'ai tourné les talons sans lui donner de réponse. C'était la réflexion la plus stupide et la plus froide que je pouvais recevoir…

Après l'avoir maintes fois entendu dans les milieux concernés, j'ai maintenant compris qu'il est d'usage de former du personnel qui sait se fermer aux émotions. Ça fait moins de mal, parait-il…

Je n'ai jamais, jamais compris qu'éprouver de la compassion - ou au minimum un peu d'empathie - pouvait faire mal à celui qui la reçoit ou la donne. Ne parle-t-on pas d'une attitude humaine basique ? À moins que déjà, dans ces années-là, on ait décidé de formater des sortes de ¨mécaniques humaines¨, lesquelles sont, par définition, privées de sensibilité. L'amputation de l'âme… on en revient toujours à cette constatation !

La boîte de chocolats toujours sous le bras, j'ai voulu passer à nouveau devant la porte grande ouverte de la chambre de Tony… Je l'y ai déposée sur le lit vide… Cependant, comme d'évidence, mon vieil ami n'était pas loin, je le sentais encore présent. Je savais au plus profond de moi qu'il me voyait et qu'il se fixait sur mon regard cerclé de larmes. Je n'ai pas douté un instant qu'il pouvait également m'entendre…

Je lui ai murmuré tout bas…

- « Je suis tellement désolée Tony, tellement désolée ! »

Sa voix, bien que faible, a aussitôt résonné très distinctement à mon oreille :

- « J'ai essayé de t'appeler, Docteure... Il n'y avait personne... J'ai laissé un message sur ton répondeur. »

Oh non, pas cela ! me suis-je instantanément reprochée. Je suis si distraite avec les répondeurs ! Il y a trop de choses... Je ne pense à relever mes messages qu'aux trois jours... Comment ai-je pu ?

En arrivant chez moi, après mon quart de travail, je me suis empressée de me diriger vers mon répondeur téléphonique. Il y avait bien la voix de Tony...

C'était la voix hésitante d'un corps usé qui me disait simplement *« Au revoir... et merci pour tout ce que vous m'avez offert. »*

Et toujours ce mal de ventre qui ne me quittait plus depuis l'hôpital, toujours cette boule qui me serrait la gorge... La sensation était horrible.

- « Désirez-vous effacer ou sauvegarder ce message ? » me demanda froidement le robot du répondeur.

Je me souviens fort bien de cet instant où j'ai appuyé sur le bouton ¨Effacer¨ et où je me suis dit que ces ¨choses-là¨, quoi qu'on fasse, demeurent à jamais ¨dans nos vraies oreilles¨, celles du cœur et qu'il était sans doute mieux de ne pas tourmenter les autres, celles de notre tête.

Après ? me direz-vous. Eh bien après, je suis rapidement entrée à nouveau en contact avec Tony… Il le souhaitait ardemment et en vérité il n'était pas loin…

« Tony, je suis là, as-tu besoin de moi ? »

Puis, doucement et en Anglais puisque nous échangions souvent dans cette langue, j'ai ajouté :

« Voilà, je suis là pour toi, mes yeux te regardent. Là où tu vas, tu ne seras plus jamais seul… Je suis juste venue te dire un petit "au revoir"…

Tony… Listen… Put your head on my shoulder… and see the Light for you. She's there for you ! Go… dear Tony. You are free now and never alone ! Bye ! »

Le temps de quelques secondes, j'ai réellement et très physiquement senti la tête de Tony se poser sur mon épaule… un puissant frisson m'a parcourue puis tout est devenu léger. Tony s'était envolé… j'avais reçu le souffle de son âme… Il était parti exactement comme il me l'avait demandé, la tête sur mon épaule. Et il était si aérien !

*

La petite Catherine

Nous voilà de retour à mon travail à l'hôpital, plus précisément sur ¨mon¨ étage. C'était quelque temps plus tard…

Il y avait là une toute petite fille d'environ deux ans, aux cheveux bouclés couleur d'or et au doux visage diaphane. Comment ne me serais-je pas intéressée, non pas à son ¨dossier¨ ainsi qu'on le dit trop souvent, mais à elle ?

Le diagnostic était décourageant sinon effrayant : Récidive de tumeur cérébrale. Les neurochirurgiens avaient déjà planifié une seconde intervention une quinzaine de jours plus tard. Pour l'heure, elle était hospitalisée afin de subir divers tests et examens avant la chirurgie prévue.

À chaque fois que je passais devant sa chambre, la petite se tenait debout dans sa couchette, un soluté au bras. J'ai rapidement remarqué qu'elle était anormalement seule et pleurait beaucoup. De toute évidence, elle était totalement perdue et terrorisée en permanence.

On aurait peut-être pu argumenter sur la cause de la solitude d'un homme comme Tony qui avait déjà traversé sa vie, même si c'était choquant, mais qu'une toute petite enfant se retrouve ainsi sans présence humaine, sans la moindre famille en vue… Il y avait là un mystère qui me bouleversait.

Les infirmières de l'étage et moi, l'avions prise en affection. Nous nous aidions mutuellement afin que la petite s'apaise un peu et trouve moins terrible son séjour dans un lieu auquel elle ne pouvait forcément rien comprendre.

Bien sûr, je n'ai pas tardé à leur demander où était sa mère puisqu'il y avait sa signature au bas de son dossier d'admission. D'un air dépité, elles me répondirent toutes qu'elle ne venait jamais !

Je n'en revenais pas. C'était inconcevable ! Comment pouvait-on abandonner à ce point un tel petit ange ?

L'équipe des infirmières s'était organisée pour lui trouver quelques jouets… De mon côté, je me suis souvenue que ma fille avait une poupée qu'elle avait nommée *Miss Sparkle*. Cette poupée, dotée d'une abondante chevelure bonde avait sur la poitrine une belle étoile argent joliment cousue sur sa robe rose. Lorsqu'on appuyait sur son étoile, la poupée prononçait quelques mots comme, ¨*Bonjour ! Comment vas-tu aujourd'hui ? Puis Bonne nuit !* ¨. Ma fille, qui avait dépassé l'âge des poupées, m'a aussitôt donné son accord, toute émue, afin d'offrir *Miss Sparkle* à Catherine.

Le lendemain, lorsque j'ai remis *Miss Sparkle* à Catherine, la petite avait des pétillements de joie dans les yeux. Elle s'est immédiatement mise à appuyer sur l'étoile pour entendre la voix de la poupée qui, à tout bien considérer, était aussi grande qu'elle. Dès cet instant-là, la poupée ne la quitta plus…

La semaine s'est déroulée de cette façon, un peu plus éclairée que les précédentes et puis, tout à coup, au milieu de la suivante, en passant devant la chambre de Catherine, je l'ai vue vide. Mon cœur a fait un bond… Je me suis empressée d'aller demander aux infirmières ce qui était arrivé.

- « Ils l'ont opérée hier et, vous voyez… malheureusement… la petite n'a pas survécu. »

Faut-il dire à quel point mes yeux se sont emplis pleins de larmes ? J'adorais cette petite ! Sans que je le réalise, elle avait pris une grande place dans ma vie.

- « C'est vraiment terrible, ai-je bredouillé… Et *Miss Sparkle* ? »

- « Elle l'avait avec elle en salle d'opération. Ils ne la lui ont enlevée que lorsqu'elle a été anesthésiée. Et puis… ils nous l'ont remise ici. Voulez-vous l'avoir ? »

- « Oui, j'apprécierais… Maintenant, pour moi, elle a un peu la douce odeur de la petite. »

Et, comme pour répondre à ma sensation, en rentrant à nouveau dans la chambre vide de Catherine, j'ai tout de suite perçu son odeur. Catherine était bien là, elle était toujours là et je l'entendais sangloter. Alors, discrètement, je suis allée fermer la porte pour mieux communiquer avec elle.

- « Oh… ma belle petite ma belle petite Catherine, pourquoi pleures-tu ? As-tu mal ? »

- « Non, pas mal, m'a-t-elle aussitôt répondu avec son langage mal assuré de toute petite fille… D'autres enfants comme moi, avec moi ici… et des belles lumières autour des personnes. Des anges ? Je voudrais jouer avec eux, mais j'ai pas ma poupée… oubliée chez le docteur quand il m'a endormie. »

- « Justement, j'ai retrouvé *Miss Sparkle* et je suis venue te la donner. Je savais qu'elle te manquerait. »

Un instant, j'ai distingué dans une clarté irisée la silhouette très distincte de Catherine qui tendait les bras pour prendre la poupée contre elle. Un grand sourire au visage, comme si elle comprenait ou devinait tout, elle m'a alors fait un petit signe malhabile de la main en guise d'au revoir…

- « …Vais jouer avec mes amis… »

- « Oui, ma chérie, va jouer. Ils t'attendent ! »

La présence de la petite Catherine s'est aussitôt estompée. Elle a disparu, aussi légèrement qu'une plume au vent, laissant son ancienne couchette vide avec la poupée toujours dessus, assise, immobile. Alors, j'ai laissé là *Miss Sparkle* dans la position où elle était, sur une couette encore froissée et tout imprégnée d'une certaine odeur…

Je savais déjà que les infirmières la garderaient pour d'autres enfants de l'étage. Il n'y avait rien de mieux comme destinée pour une jolie poupée blonde,

Le plus important était que Catherine ait emporté son double de lumière avec elle, qu'elle en ait construit l'image dans son paradis à elle, là où son âme de toute petite fille avait déjà deviné des amis qui l'attendaient.

Mon rôle dans sa courte vie était terminé…

*

D'une certaine façon, un mourant est toujours seul face au Portail dont il sait qu'il se rapproche mais il est évident qu'il y en a qui sont plus isolés que d'autres pour des raisons qui tiennent au passé de leur âme.

Le premier exemple que j'ai évoqué ici, celui de Tony se situe bien sûr parmi les extrêmes. Cependant, ce n'est peut-être pas seulement pour cela qu'il m'a marquée. Je crois que c'est sans doute parce qu'il met en évidence la petite part de tendresse, de respect et d'attention qui suffisent parfois à changer radicalement le départ d'une personne, à métamorphoser celui-ci en un envol qui mérite son nom. Les ¨ailes¨ d'une âme doivent pouvoir commencer à se déployer bien avant l'instant ultime de son voyage. C'est primordial. Ce sont elles qui lui fraient une percé à travers les mondes.

Quant à l'histoire de la petite Catherine, il parle de lui-même dans le cadre d'une infinie solitude à laquelle il est également difficile de trouver une explication qui soit du domaine de l'humain.

Il arrive ainsi parfois qu'on se trouve confronté à l'inadmissible et que celui-ci nous invite simplement à voir plus loin, plus haut, en nous suggérant donc, à nous aussi, de nous laisser pousser des ailes, en faisant si possible abstraction de tout jugement. Au-dessus de ce que pouvons saisir du sens des vies et de la Vie, il existe une Volonté, une Intention qui nous dépassent.

Non seulement l'histoire de Catherine met en évidence la dureté de certaines incarnations parfois très brèves mais elle montre également le rôle qu'une âme compatissante peut et doit jouer... parce qu'elle se trouve là, dans cette situation, et pas ailleurs.

Être ¨passeur d'âmes¨ n'est pas un ¨métier¨ qui s'apprend. C'est une sorte de vocation du cœur et je suis persuadée que c'est cette vocation qui génère, puis développe les capacités médiumniques dont je parle dans cet ouvrage.

Qu'est-ce au juste que la compassion? C'est l'aptitude d'un être humain à pouvoir ressentir puis partager la souffrance ou la détresse de quelqu'un afin de l'aider avec justesse. Ce n'est pas un état émotionnel mais l'expression d'une aptitude majeure de la conscience, une des facettes de l'art d'Aimer. C'est elle qui fait toute la différence.

Elle ne nait pas automatiquement à la suite d'une réflexion qu'on pourrait qualifier de philosophique ou de métaphysique. Mon époux m'a dit un jour avoir connu une personne qui n'en comprenait pas le sens et qui avait besoin qu'on le lui explique... ce qui l'avait un instant abasourdi.

Mais qu'est-ce aussi que la solitude ? On peut être visité par sa propre famille dans le contexte d'une résidence pour personnes âgée ou dans celui des soins palliatifs d'un service hospitalier et se sentir malgré tout très seul tout simplement parce que personne n'est ouvert à ce qu'on vit vraiment. Chacun reste facilement dans les conventions ou les théories du moment.

Beaucoup trop sont ceux qui, au sein d'une famille ou même d'un groupe d'amis, contournent par déni ou par peur l'occasion d'un échange de cœur à cœur. On me rétorquera qu'il y a aussi l'ignorance... Cependant l'ignorance doit-elle encore servir d'excuse aujourd'hui alors que tant d'informations et de témoignages circulent ?

Je ne dis absolument pas qu'il faille imposer des réflexions à des personnes qui, au fond d'elles-mêmes, savent très bien qu'elles sont en partance ; ce serait forcer des cadenas qui, parfois, servent de mesures de protection face à d'anciennes blessures. Il serait nuisible d'obliger une conscience à se visiter.

Je parle seulement d'avoir le cœur suffisamment à l'écoute pour proposer avec justesse une main tendue. Après tant d'années, je reste persuadée qu'il y a toujours des moments pour cela parce que la vraie compassion, celle qui ne porte pas de masque, est le plus beau des dissolvants proposés à la trop systématique dureté humaine.

Et qui sait si, un jour, dans un autre temps, Tony l'Irlandais ne m'offrira pas une boîte de chocolats, même virtuels ? Qui sait aussi si la petite Catherine ne trouvera pas une occasion, lors d'un ¨rêve¨ d'aller chuchoter à l'oreille de sa maman pour la réveiller de son profond sommeil. Qui sait enfin si elle ne choisira pas de revenir dans son ventre pour écrire une autre histoire entre elles deux... et son père.

Chapitre XII

La Dame blanche du quatrième

Parmi les patients du quatrième étage qui se succédaient au fil des années dans le service d'Orthopédie, très nombreux étaient ceux qui me racontaient toujours la même et étrange histoire... Ils n'étaient d'ailleurs pas les seuls car même quelques membres du personnel attestaient celle-ci en ne s'en cachant pas trop.

Je dois dire que certains étaient effrayés en me la racontant... Ils m'assuraient qu'il y avait bel et bien une ¨Dame blanche¨ qui parcourait les couloirs une fois la nuit venue et qu'elle venait peut-être les chercher puisque qu'elle était forcément un ¨fantôme¨ et qu'elle devait porter malheur car elle était la Mort elle-même.

Mais c'était singulier… car d'autres personnes se sentaient au contraire protégées par sa présence réconfortante qui leur rendait visite habituellement en fin de soirée, juste avant qu'elles ne s'endorment.

Bien évidemment, avec ma sensibilité et ma compréhension de ce genre de phénomène, je ne pouvais pas douter de la véracité de ces récits. Il y en avait trop et tout concordait.

Un soir où j'étais de garde à l'étage mentionné voilà que, moi aussi, j'ai fini par apercevoir au bout du couloir sombre, une femme tout en blanc, effectivement d'allure fantomatique, qui circulait de chambre en chambre. Au même titre que moi, elle semblait ¨de garde¨ et visitait ses malades.

À l'instant où elle m'a remarquée, elle s'est arrêtée pour m'observer. Un contact télépathique s'est alors installé presque immédiatement entre nous. C'est donc intérieurement que je me suis adressée à elle.

Dans la quasi-obscurité qui envahissait le couloir pour la nuit, sa forme éthérée se déplaçait telle une clarté lunaire. C'est ainsi que j'ai assez rapidement pu distinguer son visage blanc comme de la porcelaine et la profondeur brillante de ses deux yeux. Un rayonnement de bienveillance se dégageait d'elle. Pas de froid intense, pas d'odeur fétide…

- « Que faites-vous ici, madame, et qui êtes-vous ? » ai-je demandé sans même vraiment réfléchir comme si je parlais à une présence bien incarnée.

- « Oh, madame, je suis ici depuis longtemps pour y faire mon travail et probablement d'un temps bien plus ancien que vous à ce que je vois de vos vêtements ! Pour vous répondre, sachez que je suis infirmière et, comme tous les soirs, je visite mes patients avant qu'ils ne s'endorment. »

À entendre sa façon assurée de me répondre, je me suis dit que la meilleure approche était de faire comme si sa présence était normale.

- « Ah bon ! Nous ne nous sommes jamais croisées auparavant et, effectivement, vous êtes certainement plus ancienne que moi en ce lieu. Où habitez-vous, si je peux me permettre ? Moi, c'est à quelque trente minutes d'ici. »

- « Où j'habite ? Mais... ici ! J'ai ma propre chambre juste pour moi, c'est plus pratique pour être au plus près de mes patients. Ainsi, je suis disponible tout le temps. »

- « Et... vous ne faites que la garde de nuit du quatrième ? »

- « Pourquoi ? Il y en a d'autres ? » me demanda-t-elle tout étonnée.

Notre discussion pour télépathique qu'elle ait été, n'en devenait pas moins de plus en plus surréaliste.

- « Oui, ai-je fait le plus naturellement possible, il s'en est ajouté plusieurs autres lors de ces cinquante dernières années. L'hôpital est immense ! »

- « C'est étrange, on ne m'en a pas informée… mais ce qui m'étonne c'est que mes collègues ont toutes quitté leur travail. Peut-être sont-elles simplement à un autre étage ? J'ai tellement à faire ici ! »

- « Et si vous changiez un peu d'ouvrage ? La routine c'est pénible à la longue… Vous devez être lasse d'être ici, jours, soirs et années. À votre place, je me dirais que ce n'est pas une vie, ne croyez-vous pas ? »

- « Écoutez, j'aime mon travail… Je me suis entièrement vouée à mes patients, J'en vois quitter et d'autres arriver. Je dois les soigner, c'est tout. C'est ma vie et j'aime cette vie. »

- « Je comprends… Mais, peut-être vous êtes-vous un peu oubliée. Être enfermée ici, est-ce que c'est cela, vivre ? N'est-ce pas un peu tourner en rond dans un lieu sans issue ? »

- « J'aime ce que je fais ! » me répéta-t-elle d'un ton impatient.

Sa silhouette diaphane se tenait toujours à quelques pas de moi. Je me souviens l'avoir vu trembloter un instant comme une brume qui aurait voulu se dissiper.

C'était un signe. J'ai senti que par mes interrogations j'avais sans doute créé une petite brèche dans son monde, que j'avais touché un point sensible en semant un doute dans son errance. Alors, je me suis lancée… Sans savoir quelle pouvait être sa réaction, j'ai osé l'informer sur sa situation maintenant qu'elle avait accepté de m'écouter entre deux portes de chambre.

- « Madame, je suis désolée d'avoir à vous dire cela mais vous êtes décédée depuis très longtemps. Vous semblez ne pas vouloir le comprendre. Voilà aussi pourquoi vos collègues ne sont plus à vos côtés et que vous êtes seule. Vos collègues sont décédés eux aussi. »

- « Décédée ? Franchement, vous dites n'importe quoi ! Vous ne croyez pas que je sais bien ce que c'est que d'être mort en travaillant à cet étage ? Je vous le répète, je vis ici, je travaille ici, vous m'y voyez, je vous vois et mes patients me voient aussi lorsqu'ils ne sont pas endormis. On leur donne tant de drogues ! Si je quittais cet endroit et cet emploi… j'en mourrais, madame ! Oui, là, ce serait la mort ! »

Les réponses de la Dame blanche me montrèrent qu'elle n'était pas prête à opérer un mouvement dans sa conscience, à porter un autre regard sur sa situation et qu'il ne fallait donc pas la brusquer davantage mais plutôt l'apaiser. Alors, je lui ai dit…

- « Les patients qui sont ici, je les connais également, vous savez, et ils m'ont dit que vous les traitiez bien… »

- « Êtes-vous la directrice de cet hôpital ? »

- « Non… je suis seulement votre nouvelle collègue, une pharmacienne. Un peu différemment de vous, je participe aux soins. Mais j'ai aussi d'autres étages en charge. Si vous vous décidez à allumer la Lumière, je vous les montrerai. On voit mieux dans la Lumière que dans la pénombre. »

- « Quelle lumière ? On est plus tranquille à cette heure-ci. Merci bien, mais j'ai déjà tellement à faire… et d'ailleurs la lumière m'aveugle. J'aime cette pénombre, elle est reposante. »

- « Je comprends… mais si un jour une grande Lumière vous tente, allez la voir ! Ça en vaudra la peine et puis ça allègera votre fardeau. »

- « Mon fardeau ? Non… vous ne comprenez pas. »

Elle m'a enfin souri… puis a tourné les talons pour continuer sa ¨ronde¨ en se faufilant dans une autre chambre…

Lorsque j'ai rencontré la Dame blanche du quatrième, nous étions en 2001 ; cela a été la seule fois mais j'ai la nette conviction qu'elle y travaille toujours.

Un jour de son Temps à elle, quand elle sera lasse de faire la tournée de ses patients, ou que peut-être on rénovera ¨son¨ couloir et que quelque chose s'ouvrira inévitablement dans sa conscience… son Passage se fera simplement avec d'autres Guides. Personne n'est oublié mais chacun détient le rythme de sa propre avance à travers les innombrables strates du *Kamaloka*.

Pour le moment, je perçois qu'elle opte encore pour la pénombre du vieux couloir. Elle n'y fait aucun mal, bien au contraire… Elle tourne en rond, certes, mais elle apprécie les mille pas qu'elle y accomplit comme un rite.

C'est ainsi ! À chacun son juste moment, sa perception du Temps et le décor de son espace d'Après-vie. La Dame blanche ne veut pas – ou ne peut pas - quitter les lieux où elle a manifestement trouvé sa raison d'être mais elle y construit inlassablement l'architecture de son idéal à elle. Ce sera son tremplin…

*

Dans de multiples endroits de notre monde, il est régulièrement question de la manifestation d'une ¨Dame blanche¨... pas la même que celle de mon témoignage, bien sûr, mais une Dame blanche tout de même prenant en quelque sorte la valeur d'un archétype, celui d'une âme errante inoffensive et accrochée à un espace qu'elle s'est approprié entre les mondes.

J'ai notamment entendu parler de la présence d'une Dame blanche très souvent aperçue faisant de l'autostop sur le bord d'une courbe d'autoroute dans un lieu très précis du sud de la France. Parfois, certains automobilistes s'arrêtaient en dépit de la dangerosité de l'endroit, elle montait à bord de leur véhicule, donnait l'adresse où elle souhaitait se rendre puis... tout à coup, à un moment donné du parcours, elle disparaissait de son siège côté passager comme si elle ne l'avait jamais occupé. L'histoire a été corroborée par tellement de témoins et ¨acteurs¨ qu'elle a fini par se retrouver dans les colonnes du quotidien régional.

Que peut-on en penser ? Tout d'abord, il faut savoir que pour qu'une âme bloquée - avec ou contre son gré - entre les mondes puisse se densifier au point d'être visible et même tangible par des non sensitifs, c'est qu'elle a vécu une forme de traumatisme qui a empêché son organisme éthérique de se dissoudre totalement. Ce traumatisme peut avoir différentes origines. En général il est d'ordre psychologique ou lié à la soudaineté d'un accident. Son moteur est initialement induit par le corps émotionnel durement impacté par un évènement dont la persistance entretient ensuite le vécu sous la forme d'une fixation sur le corps mental. Le tout constitue alors une véritable batterie qui participe à freiner le dégagement de l'âme tout en la maintenant sur un taux vibratoire assez bas. On peut comparer cela à une sorte d'auto hypnose qui s'impose à certaines âmes dans les couches très denses du Kamaloka, des espaces de créations mentales qui, je le répète, entretiennent des rapports étroits avec ce relai énergétique, ce ¨fabriquant de moules vitaux¨ qu'est le monde éthérique.

Il faut être conscient que dans certains cas, l'âme qui se trouve dans cet état peut puiser à son insu du ¨tissu éthérique¨ dans l'environnement auquel elle est attachée. Le milieu hospitalier offre souvent ce type de matière résiduelle dont la provenance peut-être extrêmement diverse et la plupart du temps très plombante.

Ces strates très ¨terre à terre¨ d'un tel Kamaloka n'induisent pas forcément, ainsi qu'on le voit, une quelconque souffrance. Elles peuvent être des zones soit de satisfactions basiques, soit d'ataraxie.

Y-a-il quelque chose que l'on puisse faire pour aider de telles âmes de leur sphère de répétitivité ou de ¨bégaiement¨? L'exemple de la Dame blanche du quatrième étage m'a personnellement bien montré que l'on ne peut pas toujours intervenir car leurs règles du ¨jeu¨ de la vie ne sont pas les mêmes que les nôtres dans la mesure où la raison et la logique que nous connaissons n'y signifient rien. Il y a par conséquent, de notre part, une acceptation et une humilité à cultiver.

Aussi habitués à toutes sortes de situations, parfois déconcertantes, que puissent connaître les véritables passeurs d'âmes, ceux-ci sont obligés d'admettre que nul ne peut tout maîtriser... C'est précisément là où la ¨dynamo¨ que nourrit la prière du cœur peut pleinement jouer son rôle.

Chapitre XIII

Du côté de l'Obscur…

La chose aux yeux rouges

Cette anecdote est survenue il y a de nombreuses années… Il y est question d'une femme habitée par une énergie très sombre et cela depuis certainement une bonne vingtaine d'années. Je la savais forcément souffrante et j'ai voulu l'aider, lui enlever par le dialogue un peu du venin de ses agressions. En vain… et j'avoue que cette expérience hors-corps dans la visite que je lui ai spontanément rendue m'a bien perturbée à cause de ce que j'y ai rencontré, vu et vécu…

Pourquoi alors en parler ? Je ne témoigne de cette visite que dans un seul but : prévenir... Prévenir quant au fait que l'Obscurité n'est pas qu'un mot qu'on peut agiter tel un épouvantail, qu'elle peut s'incarner. Alerter afin que certaines personnes qui ont l'aptitude de voyager hors-corps comme je le fais ne tentent jamais ce genre de voyage. On ne force pas une âme à se purifier, à se nettoyer... Cela, je le savais bien évidemment mais j'ai malgré tout nourri un espoir du fait que je connaissais l'âme en question depuis longtemps... Alors, j'ai voulu essayer par compassion en me disant qu'elle devait être vraiment bien souffrante pour en être arrivée à ce point ...

Les parasitages qui polluent des êtres humains ici et là sont parfois très profonds et beaucoup plus ancrés en eux qu'on ne pourrait le croire... Les corps qui les abritent, leur personnalité aussi, prennent peu à peu la couleur de leur noirceur et se mettent à aimer celle-ci car elle leur procure une impression de force et de suprématie sur autrui tout en s'alimentant d'un tel sentiment de contrôle. Il m'arrive alors de me demander si la notion de parasitage demeure adéquate dans de tels cas... Aujourd'hui, j'aurais plutôt envie de parler d'un *adombrement* par l'Obscur. Adombrer, c'est investir. Chacun se fera sa propre opinion...

Sans doute vous demandez-vous comment j'ai pu retrouver la personne dont il sera question dans ces lignes puisque nous n'avons jamais été proches et qu'elle ne m'avait pas invitée. La réponse est simple… Par tout un tas de circonstances que la Vie se plait parfois à ordonner, je connaissais un peu le lieu où elle habitait, quelque part en Europe.

Mue par une sorte d'instinct et de volonté de bien faire, je me suis donc projetée en conscience, dans le subtil, jusqu'à sa porte pour essayer de la pacifier et - pourquoi pas - de peut-être saisir le pourquoi profond de ses attitudes extrêmement violentes et toxiques. Un océan nous séparait mais peu importait car la femme dont les attitudes me souciaient - ainsi que d'autres personnes - semblait s'enfoncer de plus en plus dans l'obscurité. Candidement, je m'étais mis dans la tête et surtout dans le cœur qu'il y avait certainement une façon de la faire ¨revenir¨ à elle.

Après l'inévitable ¨tourbillon d'âme¨ qui accompagne chaque déplacement dans le subtil, je me suis retrouvée de nuit, dans une campagne vallonnée, face à une maison et à sa porte. Sans plus attendre, je me suis entendu frapper à sa vitre, comme si je pouvais avoir quelque action sur la matière. Je n'avais évidemment pas pour intention de forcer son intimité, je souhaitais seulement que le corps de sa conscience ou quelque chose d'elle dans son sommeil me voie et m'invite à entrer…

En dépit de mes espoirs et de ma confiance, j'ai aussitôt perçu une énergie lourde se dégager de la bâtisse et de sa porte… puis la présence gluante d'une sorte de toile d'araignée. Quant à l'intérieur de la maison je n'en voyais rien, rien d'autre que la noirceur d'une brume profonde derrière une vitre à la verticale.

Soudain… j'ai distingué une espèce d'ombre vêtue de noir qui flottait au-dessus du sol pour venir vers moi à toute vitesse. Cette ¨chose¨ n'était éclairée que par deux yeux rouges…

À la place de ses pieds, il n'y avait qu'un nuage inquiétant, une brume fumante d'un gris foncé. C'était si terrifiant et indubitablement malsain que je suis aussitôt retrouvée chez moi dans la salle de bain contigüe à notre chambre puis réincorporant à toute vitesse mon corps physique allongé aux côtés de mon époux…. J'ignore encore si ce fut volontaire ou instinctif, par réflexe de protection, la peur au ventre.

De notre lit, par la porte entr'ouverte, on apercevait la salle de bain et sa baignoire… La bête aux yeux rouge s'y trouvait… elle m'avait suivie. Alors, je l'ai mieux vue… La ¨chose¨ s'était métamorphosée en une silhouette ailée noir corbeau et à la mâchoire de dragon, furieuse, pourvue de griffes aux pattes. Elle venait d'atterrir sur le sol, près de la baignoire… Ses yeux rouges me fixèrent immédiatement, ne laissant aucun doute quant à la suite de évènements… J'ai crié…

Daniel s'est évidemment réveillé en sursaut et tout a disparu.

Comment trouver le sommeil après cela ? Je me sentais physiquement mal et j'avais une morsure, bien distincte, au poignet gauche... Je l'ai photographiée dès le lendemain. Vous pouvez le deviner, je suis restée longtemps sous le choc.

La ¨chose¨ ne nous voulait pas de bien. Est-il nécessaire de le préciser ? Elle enrageait vraisemblablement face à la force que nous constituons et à *ce* pour quoi nous avons toujours œuvré... puis sans doute pour d'autres raisons qui lui appartiennent, je suppose.

À cette époque-là, je l'ai vue parfois errer en début de soirée, cachée sous différents masques à l'apparence humaine dans la maison où nous vivions alors... Comme pour m'amadouer et avant de disparaître, elle essayait régulièrement de m'approcher en cherchant à poser sa main dans mon dos... ce que j'ai toujours refusé car, quelle que soit l'apparence qu'elle prenne, l'Ombre est rusée.

J'ignore encore aujourd'hui si la personnalité incarnée qui abritait cette noirceur se souvenait de ce que celle-ci faisait ou si tout était inconscient... Il est difficile de le dire. Je souhaite avant tout que son âme retrouve sa racine solaire au sens universel du terme. Je l'y invite continuellement.

On ne peut imposer la clarté et à plus forte raison la Lumière à une personne qui, pour une raison ou une autre, est ¨tombée amoureuse¨ de l'Ombre au point de lui abandonner une part d'elle-même.

*

Il est bien évident que ce récit est en rupture de ton par rapport à ceux qui le précèdent et ceux qui suivront. Ainsi que je l'ai signalé, je l'ai inclus dans cet ouvrage afin d'alerter. En effet, Il serait illusoire de se persuader que l'univers de l'Invisible n'est fait que de beau et de bon. Laisser croire le contraire serait nourrir un déni, autrement dit un mécanisme d'auto hypnose.

Nier l'existence de l'Ombre et de ses courroies de transmission n'est pas une façon d'en désamorcer les actions. En parler à outrance serait cependant toxique car cela entretiendrait automatiquement un égrégore à bas taux vibratoire, c'est-à-dire une dynamo très polluante pour la conscience, un frein pour l'éveil de celle-ci. Que l'on ne se demande pas pourquoi les films d'horreur ont tant de succès... Il est tellement plus facile de se laisser happer par le bas que de monter !

Une question se pose maintenant : D'où viennent des présences sombres telles que ¨la bête aux yeux rouges¨ de mon témoignage ? Elles sont issues d'univers en formation, très primaires, très dualistes, fort lointains énergétiquement parlant du nôtre mais malgré tout en évolution. On me demandera alors pourquoi elles parviennent à se faufiler jusqu'au nôtre en se mettant au service de ce que nous identifions sans hésitation comme étant le Mal...

Faisons un petit retour en arrière, au début de cet ouvrage... J'y parlais de la porosité qui existe entre les mondes et les univers, de sas spacio temporels permettant à ceux-ci de communiquer entre eux dans certaines circonstances. Ces circonstances se résument souvent à un mot ou deux: l'attirance, l'aimantation, dans la lumière comme dans l'ombre ou encore le clair-obscur.

Ainsi, dès qu'un être humain, souvent pour des raisons d'orgueil ou de soif de pouvoir, fait naître puis entretient en lui une importante brèche dans sa conscience, il est susceptible d'être visité ou même habité durablement par une entité très primaire qui va le ¨vampiriser¨, même à son insu. Ce besoin de ¨vampiriser¨ témoigne d'une quête d'identité, d'une irrépressible pulsion visant à expérimenter une dimension de la vie qui lui est totalement inconnue mais où elle se sent ¨être¨. Les courroies de transmission de ce Principe qu'est le Mal ont leur propre conception du Bien qui n'est alors autre que ¨ce qui satisfait¨ leurs instincts basiques.

Lorsqu'on saisit ce mécanisme, le décodage du comportement sans état d'âme de certains des dirigeants de notre monde - eux-mêmes soutenus par des égrégores issus de notre humanité - se fait tout seul...

Chapitre XIV

L'Ancêtre amérindien

Nous vivions beaucoup, il fut un temps, dans un chalet situé au cœur d'une région du Québec proche de la frontière américaine. Celui-ci était perché au sommet d'une immense terre abondamment boisée où mon époux et moi séjournions le plus possible, isolés du reste du monde. Pour tout décor, il n'y avait là que la forêt, magnifiquement dense, et tout un peuple animal, fort diversifié.

Nous avions appelé cet endroit magique ¨Les Hauts-Bois¨. C'était un véritable havre de ressourcement… Nous nous y rendions donc très souvent afin d'y ¨respirer les arbres¨ et de nous trouver quotidiennement en compagnie de Vickyla-mouffette, fière de son petit plumeau blanc[1], de toute une famille de ratons-laveurs, Ernestine, Ernest et leurs quatre petits… Venaient ensuite un couple de ¨siffleux¨, des marmottes faisant, comme il se doit, terrier à part, puis une quantité de tamias et d'écureuils.

Je me souviens encore aussi particulièrement de Gino, le geai bleu, d'une foule de délicates mésanges, de perdrix, de faucons, parfois d'un Harfang des neiges et, évidemment, de quelques familles de biches, d'un lynx toujours nocturne, puis d'un ours noir curieux de voir si nous avions oublié des provisions au fond d'une poubelle…

Que dire enfin des coyotes qui chantaient à la nuit tombée alors qu'une clairière était illuminée par les lucioles ? J'ai en mémoire aussi ce petit étang habité par des libellules rouges et vertes, par des grenouilles, bien sûr, mais surtout par d'énormes *ouaouarons* - des ¨grenouilles-taureaux¨ - qui y donnaient d'assourdissants concerts à la clarté de la lune.

C'était donc là que se tenait notre simple mais jolie ¨cabane dans les bois¨ avec ses habitants animaux, tous bien distincts les uns des autres au point où nous avions donné un nom à chacun d'eux à force de les observer et de les comprendre. Un contact vrai et privilégié avec la nature végétale, animale… et même minérale puisque nous y avions découvert un

1. Un putois

vieil arbre dont les racines maitresses s'étaient mêlées à des cristaux de quartz. Y vivre le déploiement des quatre saisons n'avait pas de prix...

Un soir où nous nous détendions au salon, j'ai tout à coup aperçu au travers de ses larges baies vitrées une silhouette humaine qui se déplaçait... Mes yeux se sont écarquillés... J'ai voulu mieux voir pour être certaine de ne pas me raconter d'histoires. C'était celle d'un grand Amérindien à la solide carrure. Très légèrement vêtu, les tempes rasées, il arborait des plumes colorées entrelacées dans la seule épaisse tresse noire qui surgissait quelque part vers le sommet de son crâne. Médusée bien que dépourvue de crainte, j'ai d'abord posé mon regard sur son impressionnant pectoral - un *wampum* - confectionné à partir de petits os, de cuir et orné de quelques symboles... Puis, ce sont ses jambières de peau frangées qui ont retenu mon attention. Mais le plus étrange était qu'il faisait froid, que c'était l'hiver et qu'ainsi appareillé il était finalement presque nu.

Plus surprenant encore, peut-être... l'homme faisait le tour de notre chalet de façon rituelle, semblait-il... Plusieurs tours d'affilée dans le sens horaire comme il se doit en principe lorsqu'on veut protéger ou consacrer un lieu. À un moment donné, j'ai cru halluciner alors, silencieusement, je me suis retournée vers Daniel assis à mes côtés. Lui également avait les yeux rivés vers l'extérieur de notre chalet.

- « Tu le vois ? Toi aussi ? » me demanda-t-il.

- « Oui… mais je n'osais rien dire… puisque tu semblais ne rien voir. On dirait un guerrier iroquois d'autrefois… Que fait-il comme cela en plein hiver ? Ça fait plusieurs fois qu'il fait le tour de la maison et qu'il jette de temps en temps un regard dans notre direction. Que veut-il ? »

- « Aucune idée… mais ce que je pense c'est qu'il donne la forte impression de nous connaître et qu'il accomplit effectivement un rituel… À le voir de cette façon à moitié nu dans la neige, c'est qu'il ne vit pas dans le même temps que nous. Une âme errante ? Ne crois-tu pas que nous sommes sur ses terres ?

- « Oh ! Voilà qu'il a disparu… Il s'est volatilisé ! »

Mais notre ¨histoire¨ avec celui que nous allions appeler ¨l'Iroquois¨ ne faisait que commencer. Au rythme de nos interrogations sur qui il était vraiment et sur le pourquoi de sa présence, il a commencé à se montrer régulièrement, effectuant la même ronde vers la tombée du jour… jusqu'au soir où il est tout à coup passé à travers la porte du chalet et est entré dans notre salon pour en disparaître aussitôt, laissant derrière lui une sensation de paisible familiarité.

Il ne nous a pas été difficile de faire le point. L'évidence s'affichait… Cet homme d'un autre temps pas si lointain du nôtre était à coup sûr un ancêtre amérindien particulièrement attaché cette terre. Alors qu'il était visiblement décédé, son âme restait malgré tout en symbiose avec le subtil des forêts, des rochers et des animaux du lieu.

Au fil de nos promenades souvent hasardeuses dans les profondeurs des bois, nous avions découvert quelque temps auparavant une zone difficilement accessible qui avait retenu notre attention. C'était un endroit marqué par des pierres dans un repli rocailleux juste après une lignée des grands pins. Une ou des personnes avaient du vivre là autrefois… Se pouvait-il que notre visiteur iroquois soit en rapport avec un tel lieu dont l'atmosphère avait quelque chose de fascinant ? Nous voulions comprendre.

Il n'était pas aisé de localiser l'endroit mais après quelques tâtonnements à travers des buissons épineux, nous nous y sommes enfin retrouvés. Plus que jamais intrigués, nous avons pris la décision d'explorer subtilement son espace afin d'en savoir plus. De retour au chalet, Daniel et moi nous nous sommes donc allongés dans notre chambre en nous tenant par la main. Si c'était dans l'ordre des choses et si cela ne ¨forçait¨ rien, nos consciences pourraient peut-être alors quitter momentanément nos corps et contacter l'âme des lieux… J'entends par là son double éthérique ou même ¨astral¨.

Avec une facilité déconcertante c'est ce qui s'est produit. L'espace qui s'est dès lors révélé à nous se montrait assez dégagé et il y avait là un campement ou plutôt une sorte de hameau précaire. Il y faisait chaud et une belle lumière orangée l'enveloppait... Mais ce n'était pas tout... des hommes et des femmes, tous Amérindiens, y vivaient comme dans les siècles passés autour d'une sorte de grosse hutte ou de modeste ¨maison longue¨. De beaux feux de bois crépitaient à deux pas de là et on s'affairait à y préparer des repas.

C'est précisément à cet instant que ¨l'ancêtre iroquois¨ nous est apparu et s'est dirigé vers nous. Toujours la même sensation de familiarité qui gommait toute éventuelle inquiétude... Je me suis dit que cet homme était vraiment beau et imposant. L'instant d'après, nous étions assis face à lui, non loin d'un feu, tandis que les autres ne semblaient pas nous voir.

> - « Je suis le veilleur, le protecteur de cette terre... » a-t-il fait au-dedans de nous tout en souriant légèrement avec beaucoup de dignité.

Puis, sans attendre, il s'est levé et a pris je ne sais où, peut-être dans un autre espace temporel, une grande cape qui paraissait entièrement faite de plumes d'aigles. Elle était magnifique, à la fois somptueuse et empreinte de simplicité. Je n'avais jamais vu quoi que ce soit de tel ni même pensé que cela pouvait exister. C'était évidemment la sienne. Mais voilà que, sans rien dire, il me l'a déposée sur les épaules. Stupeur...

De son regard brûlant le veilleur m'a fait comprendre qu'elle était *aussi* à moi... À moi? Pourquoi à moi?

La question était inutile... Visiblement, cela me ramenait à une vie ancienne. Avais-je été l'épouse d'un chef et avait-il pu être ce chef? Avais-je été chamane? Était-il d'ailleurs important de chercher plus loin?

J'ai senti mon corps physique me rappeler... Mon époux Daniel et moi nous nous sommes instantanément retrouvés étendus sur notre lit... mais je n'avais plus ¨ma¨ cape, bien sûr! À l'extérieur de notre chalet ne régnait que la totale blancheur de l'hiver, la forêt enneigée et en dormance pour longtemps encore. Il était temps de rallumer le foyer... il faisait froid dans notre chalet de bois.

Comment fallait-il interpréter ces évènements? Daniel m'avait dit qu'avant mon arrivée dans sa vie et que je ne découvre ce lieu, l'Amérindien ne venait pas ou du moins ne s'était jamais manifesté. C'était par conséquent mon arrivée qui semblait avoir tout déclenché.

Puis un jour... les circonstances de la vie ont fait qu'il nous a fallu quitter cet endroit. Ce fut contre notre gré... Comment trouver les mots d'une illogique typiquement humaine pour expliquer cela à nos compagnons animaux? Quant à notre ami et désormais complice au cœur iroquois il a reçu tout notre chagrin. Quelques-unes de ses pensées se sont glissées en moi tandis qu'il acquiesçait de la tête...

- «Je savais... je devinais... Ce n'est pas facile d'être accepté par ce lieu car, oui, c'est bien lui qui décide de vous accepter ou non. Vous faisiez corps avec lui... mais il est déjà écrit dans l'Invisible que la personne qui a œuvré pour votre départ n'y sera jamais la bienvenue... C'est ainsi que les choses s'équilibrent d'elles-mêmes dans mon monde et c'est ma vocation de veiller à ce que seule la bonté y trouve sa place. Je demeure et je veille. Je veille sur ces rochers, ces arbres et ces animaux...

Chacun a son juste temps à vivre. Je protège les liens entre les mondes mais je n'ai évidemment pas tous les pouvoirs. C'est le lot dont le Grand Esprit m'a chargé, à ma demande...»

- «Alors toi... ? Tu restes ici... ?»

- «... jusqu'à ce que mon âme me dise d'en partir. Pour le moment, je reste mais... sait-on jamais? Peut-être que mon véritable territoire est plus grand que celui-ci...»

Entre deux rais de lumière, j'ai cru voir un large sourire illuminer le visage du solide et digne veilleur dont j'ignorais jusqu'au nom. C'était la première fois que je le voyais sourire avec cette force. Son rayonnement se déployait.

Ici, de cette autre demeure où je rassemble mes souvenirs et où je rédige ces lignes, par bonheur il y a toujours des forêts à profusion et même un lac. Il y a toujours également de grands Ancêtres amérindiens qui veillent sur nous comme si mon ami l'Iroquois leur avait passé un relai ou avait dilaté son territoire. Nous les entendons et les apercevons quotidiennement. Ils traversent les murs et continuent paisiblement leurs visites car, ne l'oublions pas, nous sommes avant tout sur leurs terres ancestrales et celles des animaux.

Eux aussi, d'ailleurs, ne cessent d'effectuer leurs rondes. Ce sont les frères et les sœurs de ceux que nous avons dû quitter il y a maintenant bien des années… Ce sont assurément les mêmes joies qui nous unissent en esprit et le même amour inconditionnel que nous partageons.

Je suis persuadée que la terre amérindienne nourrit avec discrétion une grande mémoire bien enfouie en nous. C'est une sorte de matrice qui garde les traces d'un passé qui avait sa noblesse et les entrelacs d'autres histoires de vies.

Ainsi notre actuelle maison de pierres et de bois demeure-t-elle bien entourée et secrètement fort habitée. Un tambour traditionnel orné de plumes y résonne souvent seul… et je vois bien que, parmi les Anciens qui veillent maintenant sur elle… il y a, dans les replis du Temps, la présence de notre vieil ami des Hauts-Bois.

Sans échange de paroles, nous sommes toujours en contact et en promesse implicite de protection… Notre ami le veilleur amérindien ne fléchit pas. Il reste à l'œuvre.

*

Ce témoignage à la saveur un peu particulière se démarque forcément des précédents car il pose un regard différent sur les rapports qu'entretiennent parfois les habitants des mondes invisibles et nous. En effet, peut-on parler d'une âme errante en ce qui concerne celui que j'ai nommé ¨le veilleur iroquois¨? La réponse s'impose d'elle-même… C'est non.

Une âme errante est une âme bloquée contre son gré entre deux espaces vibratoires. Le mot ¨errer¨ est très éloquent puisqu'il suggère une absence de but, une brume mentale et émotionnelle, enfin une aliénation. Il exclut toute notion de choix. La situation dans laquelle se trouve le protecteur amérindien de mon récit est exactement à l'opposé de cela…

Nous parlons bien ici de la volonté délibérée d'un être désincarné de se faire le gardien vibratoire d'un lieu pour un temps indéterminé.

Certains lieux auraient-ils donc besoin d'une protection particulière? Dans le contexte de la culture chamanique, cela se conçoit fort aisément. C'est hélas ce que notre culture judéo-chrétienne ne peut concevoir, elle qui s'est coupée de la Nature au point de nier ses forces vives et ses intelligences directrices.

En ne perdant pas de vue que les corps de la Nature sont l'expression-même de la Source divine, la culture chamanique dans son ensemble a préservé leur sacralité, une sacralité qui participe à l'élévation des consciences.

Toutes celles et tous ceux qui ont la capacité de s'immerger sans réserve dans un milieu naturel savent fort bien que celui-ci a ses zones de force, ses nadis, ses chakras ou encore, si on préfère, ses points d'acupuncture. C'est ainsi que certains lieux, plus que d'autres, ont une âme ou un esprit spécifique et que celui-ci peut être gouverné par un ¨arbre maître¨, un animal tutélaire ou un bloc minéral déterminant par sa radiation et sa fonction au fil des temps.[1]

Lorsqu'on a pris conscience de cela et de nombreuses autres choses en rapport avec les strates énergétiques qui constituent le socle de notre monde, on peut fort bien concevoir que de telles zones réclament une protection et donc un Veilleur, garant de son Feu intérieur.

Notre Gardien iroquois, loin d'être une présence passive prisonnière de son monde en est l'ordonnateur. Il a bâti consciemment et de toutes pièces son Kamaloka à la frontière exacte de l'univers éthérique propre à l'espace de Nature dont il s'est donné la charge. Notez bien que dans mon témoignage, je mentionne le fait qu'aucun des Amérindiens qui faisaient partie

---

1. Voir ¨Le Portail des Elfes¨, du même auteur, aux Éditions Le Passe-Monde.

de son clan ne semble nous voir. Cela signifie qu'ils ne sont pas sur la même fréquence vibratoire que lui qui a la liberté de se densifier plus ou moins afin de jouer pleinement son rôle.

¨Un jour¨, évidemment, il passera le relai de son Service à un autre Veilleur. Cela se fera lorsque la notion du devoir accompli aura pris toute la place en lui.

Chapitre XV

Le Passionné

Il était cinéaste... renommé internationalement et plusieurs fois oscarisé. Ses films, la plupart du temps touchants, frôlaient parfois le génie avec leurs images subtilement composées dont la puissance était toujours soutenue par une musique choisie avec beaucoup de soin... Passionné de tournage, passionné de musiques, passionné tout court, il était aimé de tous. Ses grands yeux clairs nous racontaient les émotions et la sensibilité qui l'habitaient... tandis que dans leur miroir on pouvait, disait-on, lire toutes les ¨love story¨ de son âme. Celles du passé, celles en création, celles en devenir...

Il est hélas parti trop jeune, subitement, seul dans une maison ancestrale située au bord d'un lac, une main tendue comme pour appeler des secours... Il ne l'a pas pu. Il a cessé de respirer après une attaque cardiaque fulgurante. Dehors, la neige tombait...

Cet amoureux du monde des arts, ce créateur, nous a ainsi quittés, seul avec lui-même, la tête pleine de projets cinématographiques dont l'un était déjà en tournage, l'autre en écriture... Pas d'arrêt prévu en dehors de celui orchestré par ce qu'on appelle le Destin.

Je ne l'ai jamais rencontré et rien n'aurait pu laisser penser que je puisse écarter un peu le rideau protégeant son univers, bien différent du mien. Et cependant... il y eut une nuit, une nuit d'été où j'ai fait un étrange songe...

Je me suis retrouvée dans un décor d'un rose corail très tendre... Un grand escalier de verre y occupait la place principale, tournant sur lui-même avant de se répandre dans une grande salle tout aussi rose où on pouvait voir de longues tables nappées de blanc. De nombreuses personnes en tenue de cérémonie s'y promenaient, une flûte de champagne à la main, rose elle aussi, et bordée de dorures.

J'étais là debout, seule au centre de cette scène ahurissante sortie tout droit de ¨Gatsby le Magnifique¨. Sur la frange de mon songe, c'était pourtant si réel pour moi… Visiblement il s'agissait d'un gala rassemblant des gens du milieu du cinéma. Que faisais-je parmi eux ? Leur univers m'était totalement étranger ! Je me sentais décontenancée lorsque, tout à coup, un homme en fin de quarantaine, en costume noir, élégant et plutôt charmant est arrivé devant moi avec un beau sourire et des yeux teintés d'une incroyable clarté…

Pas un mot mais, l'instant d'après, il m'a apporté un fauteuil pliant de réalisateur semblable à ceux qu'on associe traditionnellement aux lieux de tournage. Il a bientôt placé celui-ci au bout d'une table et m'a invitée à m'y asseoir tandis qu'il s'installait à mes côtés. Il s'est ensuite penché vers moi et a commencé à me raconter une histoire… Sous le coup du charme et du fantastique de la situation, je n'ai pas entendu ce qu'il m'a alors dit. À moins que ma mémoire ne l'ait effacé… Je me souviens essentiellement d'une atmosphère douce, immensément douce, tout comme ce qui se dégageait de mon hôte.

Je sais que, timidement, j'ai commencé à prononcer quelques mots, mes mains jouant nerveusement avec la robe de gala dont je me découvrais vêtue. Une robe du style des années 1920… toute blanche et étincelante. L'homme me regardait avec un petit sourire énigmatique…

- « Dites-moi… Qu'est-ce que je fais ici ? Vous me faites asseoir sur un fauteuil de réalisateur tandis que vos invités ont des chaises tout à fait normales… mais je ne suis pas réalisatrice, moi ! Et cette robe ? Elle est magique mais… C'est féérique ici ! On se croirait dans un film. »

- « Écoutez… je suis réalisateur de films et je vous ai invitée à me rejoindre. J'ai besoin de vous, de vous confier… C'est cela, je vous ai fait venir parce que j'ai besoin de votre aide. »

- « Mon aide ? Mais je ne connais rien au monde du cinéma… »

Mon hôte m'a souri d'un peu plus près et a posé sa main sur les miennes comme pour calmer la fébrilité qu'il devait percevoir en moi.

Leur contact m'a électrisée… une sorte de fragrance indéfinissable m'a emportée et je me suis réveillée en sursaut. C'était… si troublant ! J'avais l'impression d'avoir passé énormément de temps dans un espace qui était autre que celui d'un simple rêve et dont la scène était devenue quasiment réelle… Et c'était tellement prenant qu'il a bientôt fallu que je la raconte en détails à mon époux.

Mais cela ne s'est pas arrêté là… Les nuits suivantes, le même ¨songe-contact¨ - je ne saurais comment l'appeler autrement - m'a à nouveau aspirée comme si je *devais* le revivre pour y puiser une certaine joie. Cependant, à chaque fois que j'arrivais au moment où cet homme commençait à me parler, à se confier… je me retrouvais en sursaut dans mon corps. Le contact de ses mains, le parfum de rose… et puis plus rien.

Il y avait quelque chose d'irréel et pourtant de particulièrement dense dans cette expérience à répétition. Le lieu où j'étais constamment invitée existait, je ne pouvais en douter, et j'aurais parié que mon hôte lui-même sortait en même temps que moi du même ¨songe¨. Impossible de ne pas penser à un espace propre au *Kamaloka*, à *son Kamaloka.*

Étais-je contactée par l'âme d'un artiste qui avait besoin de moi ? Je le sentais par intuition mais je ne comprenais pas pourquoi celui-ci se volatilisait soudainement de son univers de créateur en même temps que moi je revenais à mon état de veille… Voyageait-il de cette scène vécue en commun à une autre que j'ignorais ? Cherchait-il lui-même une explication à ce qu'il vivait, mettait en scène ou ¨filmait¨ constamment ?

Un jour, peu importe quand, un couple d'amis nous ont invités, Daniel et moi, à les rejoindre dans un lieu inusité…

- « Nous avons acheté une maison quelque part au bord d'un lac, une très ancienne propriété toute rénovée. Elle est même meublée. Elle appartenait à quelqu'un d'assez connu dans le milieu artistique et qui est aujourd'hui décédé. Nous voulions garder la surprise avant que le tout soit officialisé.

Pourquoi ne pas venir nous y rejoindre samedi soir ? N'arrivez pas trop tard et surtout avant que le jour ne tombe... les couchers de soleil y sont merveilleux ! »

Arrivés à l'adresse du rendez-vous fixé par nos amis, nous avons aussitôt fait le tour de la propriété. C'était en effet splendide. Nous étions encore à l'extérieur cependant que notre ami m'expliquait comment ils avaient trouvé cette demeure.

Derrière lui, il y avait une jolie maison toute blanche dotée d'une grande baie vitrée. À un moment donné, son épouse l'a appelé pour je ne sais quelle raison et de ce fait je suis restée seule à contempler l'arrière de la bâtisse. Là, l'impression d'avoir les deux pieds retenus au sol par je ne savais quoi s'est bientôt imposée à mon esprit... Et puis, tout à coup, j'ai vu se dessiner la silhouette d'un homme debout qui me regardait. J'ai plissé un peu les yeux pour mieux voir... Je l'ai reconnu. C'était l'homme du gala !

Ainsi donc, celui qui m'avait invitée dans son espace intérieur avait bien habité ici... Tout s'éclairait : Il faisait constamment des allers-retours entre son monde couleur rose corail et cette demeure.

Lorsque je suis entrée dans la maison pour rejoindre les convives, je me suis aussitôt sentie prise de frissons... Il était là. Je le voyais distinctement. J'en ai parlé à mon époux qui m'a immédiatement répondu que lui aussi le percevait. Évidemment, nous n'en pas soufflé mot à nos amis, les nouveaux propriétaires, par crainte de les mettre mal à l'aise… même si l'âme de celui qui devenait mon complice invisible n'avait absolument rien d'agressif. Il y a un temps pour tout et l'ambiance était d'abord à la fête.

Sans l'avoir seulement envisagé, comme par instinct, Daniel et moi avons assez vite repéré l'endroit où l'artiste avait vraisemblablement eu son malaise et était décédé. Nous voulions en avoir le cœur net… Il a suffi de deux clics photos avec nos cellulaires. C'était bien cela… une forme éthérique allongée et d'un rose tendre y apparaissait clairement.

Lorsque vint le temps de passer au repas, je me suis trouvée juste à côté d'une chaise vide en bout de table. Tout ce qui habillait si joliment celle-ci, la nappe, les couverts, tout avait été ¨à lui¨ nous a précisé l'hôtesse avec respect et délicatesse.

Tout y était raffiné, sensible et avec la même dominante rose que dans mon songe, à commencer par la nappe. À mes côtés, j'ai remarqué un chandelier travaillé à l'ancienne, en vieil argent, porteur de trois chandelles blanches et suggérant le symbole de l'Infini.

Nos hôtes se sont alors levés pour porter un toast au coup de cœur qu'était leur nouvelle propriété. Un instant rare et joyeux… Dans un second temps

- et cela a été plus fort que moi - je me suis tournée vers l'ancien propriétaire que je voyais toujours là, très présent en bout de table. Il me semblait naturel et également bon que, tous ensemble, nous levions notre verre à cet homme, à ce magicien de l'image, afin de le remercier pour son œuvre.

J'ai en mémoire qu'il fut très particulier cet instant où chacun de nous a spontanément prononcé son prénom et où les flammes des bougeoirs ont aussitôt oscillé en guise de *« merci… message reçu »*.

Tournée dans sa direction, j'ai pu apercevoir mon ami invisible qui esquissait un doux sourire mais… que de tristesse malgré tout dans ses yeux clairs ! Tandis qu'il me regardait intensément, je l'ai vu me tendre son verre… Il savait désormais et de façon certaine que j'avais compris la nature de l'aide dont il avait besoin et ce qu'il attendait de moi.

Le dîner fut à la fois doux, chaleureux et très animé sur un fond musical que nous aimions… en fait, des anciens morceaux des années 80-90. Lui aussi, notre artiste de l'invisible dont c'était la collection, avait dû apprécier cette époque où la musique était puissante en vibrations et sans cesse nourrie par les talents de vrais compositeurs donnant corps à des paroles fortes et aimantes… Un temps où, à vrai dire, on n'était pas désespérément en quête d'authentiques auteurs-compositeurs-interprètes. Quelques noms me sont venus comme si ¨on¨ me les suggérait …Les

Who, Queen, Sinead O'Connor, les Rolling Stone... Aznavour et j'en passe tant d'autres...

Tout le long du trajet de retour, je suis restée silencieuse... Le ¨Passionné¨ ne me quittait pas et flottait, j'oserais presque dire, ¨dans mon intérieur¨... Oh non, ce n'était pas un parasitage mais une communication subtile. Tout en demeurant totalement moi-même, j'étais déjà en travail pour répondre à sa demande et je respirais l'énorme tristesse qui était sienne.

Je savais déjà que la tâche serait rude car il n'entendait pas quitter ¨comme cela¨ cet entre deux mondes, ce *bardo* étincelant et si sensible qui était le sien. Pour lui, il était trop tôt pour partir, il n'était pas prêt, il avait encore au moins deux films qui attendaient, qui avaient besoin de lui... Non, il ne voulait pas partir de cette maison du bord de l'eau dans laquelle il se sentait toujours chez lui et en appétit de création.

Alors, depuis, en décorporation, je viens parfois l'y retrouver pour répondre à ses appels. Il m'attend dans le double éthérique du salon, les jambes croisées, les mains dignement posées sur les accoudoirs d'un superbe fauteuil recouvert d'une soie sauvage rayée. Vêtu d'un simple tee-shirt et d'un jeans... il est là, comme prêt à écrire, à diriger un chef-opérateur, à tourner, à porter la caméra sur son épaule... puis à valser avec des acteurs.

Je m'avance maintenant davantage dans le défilé des mois…

Je discute, je lui parle, j'exprime tous les arguments qui me viennent pour faciliter son détachement. Je lui dis qu'il peut continuer ¨là-haut¨ à faire des films sans se soucier des budgets, qu'il n'a qu'à les créer et même - pourquoi pas - rencontrer d'autres réalisateurs décédés comme lui… puisque ceux qui aiment les mêmes choses se retrouvent autour du même idéal, comme ceux qui ont foi dans les mêmes choses et qui aiment…

Il m'écoute et ses yeux se remplissent de larmes.

- « Je ne suis pas prêt, Marie… »

- « J'entends… Oui j'entends et je comprends, crois-moi. Je me demande même s'il y a jamais un être humain qui soit prêt parmi ceux qui font le passage. De par ma mission de vie… je peux dire qu'ils le sont rarement. Et toi, tu es parti si vite ! Mais… est-ce que tu crois en la réincarnation ? Tu vois bien que tu continues à vivre et que lorsque la Lumière nous ouvre les bras, alors il faut s'y abandonner pour ne pas trop rester entre deux mondes… C'est mieux mais je sens aussi dans mon cœur que je n'ai pas le droit de te dire *« il faut »* ! »

- « Oui… on y va quand on veut y aller, Marie… je sais cela intérieurement moi aussi. Mais, j'ai demandé du temps. Et je vais le prendre. »

- « Alors je patienterai à ton rythme ; je suis là et ma main restera tendue jusqu'à ce que tu te sentes délivré de cette terre. N'oublie pas que moi aussi j'écris et que j'aide aux passages, aux changements de décors… »

- « Oui, je le sais… On me l'a dit. »

- « On ? »

- « Dans la Lumière, l'intense Lumière qui m'a déjà parlé avec de grands êtres au dedans d'elle. Elle a prononcé ton nom. C'était comme si j'avais eu tes coordonnées pendant mon décès. Les êtres m'ont dit que nous nous connaissons d'autrefois et que toi tu as les aptitudes pour comprendre là où j'ai très mal. »

- « La seule chose qui me préoccupe, ce n'est pas le temps que tu demandes… c'est la présence d'autres âmes qui demeurent ici depuis longtemps, si longtemps qu'elles se sont… figées… toutefois sans être aussi douces et paisibles que toi. Je ne voudrais surtout pas qu'elles te ralentissent en t'ancrant davantage sur ce lieu. »

- « Je les vois parfois… je les ai vues. Tu sais, je les voyais même bien avant mon malaise. Maintenant je les perçois plus encore mais je ne suis pas comme elles. Elles ne sont pas dans mon monde… comme dans un autre pays. Moi, je partirai pour de bon… Avant cela, je règlerai mes choses, je guérirai des blessures. »

- « Il y a donc des choses qui t'ont blessé ? »

- « Oui, même la manière dont on a disposé de mon corps. Sans bien réfléchir, j'avais envisagé un jour l'éparpillement de mes cendres… Finalement je crois que c'était un peu à la légère et surtout en ne pensant pas que j'allais partir de cette façon. J'ai mal à cela, j'ai mal aussi à ce que moi je vis comme étant une forme d'indifférence… Mais le mot n'est sans doute pas juste. J'ai peut-être eu la prétention de me croire plus aimé… Je suis en peine, déçu aussi de me voir ainsi ¨cassé¨ dans mon élan… J'étais en pleine reconnaissance dans le milieu cinématographique. Bien sûr, j'avais encore à bosser mais j'ai été interrompu si brutalement !

Le cinéma c'est toute ma vie ! Je suis né dans une famille humble et tout ce que j'ai construit je l'ai fait avec mon cœur, de tout mon cœur. Et ça a marché… si ce n'est que je n'avais pas terminé. Écoute, ça ne fait pas si longtemps que je suis mort là, tu as deviné où… et j'ai l'impression d'être déjà presque passé aux oubliettes, pas même une plaque avec mon nom là où quelque chose de moi a été dispersé. Je suis gommé, j'ai disparu… Je ne savais pas que ça pouvait faire aussi mal. »

- « Je m'en doute… tout est fait pour qu'on se confonde avec notre corps. Tu ressens un manque de gratitude ? »

- « Oui… j'imagine que c'est cela aussi mourir. C'est s'effacer. Tout laisser… On se pense toujours plus nécessaire qu'on ne l'est en réalité… Je sais que la vie continue pour tous ceux qui ont tourné la page. Ce n'est pas l'orgueil en moi qui te dit cela, c'est mon âme qui se souvient que cela m'est arrivé également dans d'autres vies. Ça se répète ! Au moment où tout me réussit… je disparais. Dois-je apprendre à n'être plus rien ? ».

J'avais moi aussi des larmes au-dedans de mon âme. Je ressentais sa tristesse tout en sachant que je ne devais pas me laisser submerger par elle sous peine d'être brutalement rappelée par mon corps.

- « Tu sais bien que tu n'es pas rien… Tu n'as même pas idée ! Je ne connaissais pas vraiment tes films sauf un… Alors je me suis ruée sur eux… un bonheur ! »

- « Je crois qu'on aurait pu écrire un scénario pour les âmes en difficulté mais, puisque tu écris encore… tu raconteras mon histoire ? »

C'est la première fois que j'accompagne une âme aussi intense intérieurement. Je la prie de ne pas se laisser happer par les présences bloquées dans ¨sa¨ maison puis je lui conseille de faire davantage d'allerretours dans l'hologramme rose qu'elle a créé dès son départ tout en lui suggérant de le modifier à son gré… Il faut qu'elle s'y repose pour mieux retrouver ensuite sa passion créatrice.

Ce qui est toujours difficile dans la mort à la Terre, ce n'est pas l'apprivoisement à un autre monde, c'est laisser derrière soi ce qu'on a aimé le plus. Il est normal de s'ennuyer… mais il est souffrant de s'accrocher à la mise en scène d'un temps dont le seul scénario vise à nous faire grandir.

Et puis voilà que je viens juste de répondre à l'un des appels de ¨mon artiste de l'Invisible¨ et que j'ai aussitôt aperçu une présence féminine d'un certain âge près de lui. C'est une forme blanche qui oscille discrètement dans la pénombre. Elle me donne l'impression de s'avancer vers moi.

- « C'est ma mère… j'ai tellement eu de chagrin quand elle est partie ! Elle se soucie de moi. »

Un halo blanc s'est agrandi autour de la silhouette porteuse d'un murmure que je capte aussitôt, un susurrement qui assure d'une aide offerte… Je veux absolument laisser la mère et le fils seuls tous les deux.

Mais que se passe-t-il ? Je me retrouve maintenant dos au fauteuil… tandis que mon ami de l'Invisible est toujours assis là où je le retrouve habituellement… dans ce sas grisâtre teinté de blanc au cœur de cette maison que je ne veux plus devoir associer à son âme.

Je me dirige vers la sortie…

- « Je pars… C'est mieux pour l'instant. À bientôt mais essaie de ne pas rester ici… il y fait trop humide en toi et c'est trop gris… Mets-y… du rose, pourquoi pas. »

Je lève intérieurement ma main pour le saluer mais je sens qu'il est maintenant debout derrière moi et me salue de la même façon. Comme il est grand physiquement ! Je le croyais plus petit…

Désormais et plus que jamais je vis tout au présent. Me voilà une fois encore de retour dans son sas terne, celui de la maison qui n'est plus sienne, celui qui est trop près de la Terre, dont je suis saturée mais d'où j'avais cru entendre un appel. J'attends… Il n'est pas là. Il n'y est plus.

Alors, subitement, je me sens happée et me retrouve dans un espace inconnu. Il y a des fleurs partout, de la pelouse verte et une grande habitation de pierres blanches… J'avance et j'en pousse la porte… Je vois des gens qui suivent les directives d'un homme en tee-shirt rouge, caméra à l'épaule. Personne ne semble me voir. Je reste là, au centre de la scène à constater sans surprise que je suis transparente pour tout le monde. Sauf pour lui, lui seul qui dirige tout et qui finit par me regarder en m'adressant son petit sourire habituel. C'est léger… la scène est légère… Que c'est bon !

- «Attends-moi, Marie ! Il n'y a plus de salle de gala… Tu vois, j'ai décidé de me remettre au travail. J'ai recommencé à tourner ! »

Mais rien n'est stable… L'ambiance vient à nouveau de changer et je me retrouve projetée dans une pièce toute blanche. La porte s'ouvre et il entre, vêtu de blanc. Un pantalon de lin et un tee-shirt tout aussi immaculés l'un que l'autre…

- « Cherches-tu l'issue ? me fait-il en souriant encore… Tu dois t'y perdre dans tout ce que je bouge… j'ai besoin de bouger quand je tourne. As-tu vu ma place dans mon salon d'il y a… je ne sais plus quand ? Regarde… il y a des rais de lumière qui y entrent… Ça change ! ! ! J'y vais encore mais moins longtemps. J'ai toujours ce besoin si ce n'est qu'il s'est passé quelque chose. Je me sens davantage en vie, j'ai envie de respirer et de laisser mes affaires du passé… Mon sac à dos… il est devenu trop lourd à traîner, ça me rendait amer… J'ai décidé de le poser. »

Oh, comme il est difficile de demeurer stable dans de tels instants hors de tout repère avec le Passionné ! J'ai la sensation d'écarter un voile et j'entrevois son hologramme ¨d'en-bas¨. En effet, plus rien n'y paraît aussi morose. Il y a de la lumière et il me semble que les murs du salon commencent à céder, à se fissurer pour en expulser toute l'ombre.

Cependant je sens que mon corps me rappelle… Je vacille, prise de nausée. Mais lui, mon ami d'entre deux mondes, l'a aussitôt deviné et il arrive à toute vitesse derrière moi comme pour me retenir avec ses bras.

- « Non… je t'ai écoutée mais je n'ai pas encore tout résolu. J'ai repris les tournages. Je crée parce que tu m'as ¨réveillé¨ en quelque sorte… mais j'ai laissé une dernière porte en moi, je suis peut-être trop passionné pour vivre en un seul monde… »

Un autre tourbillon venu je ne sais d'où et voilà que nous nous retrouvons tous deux dans un long couloir… La main sur mon épaule, il m'adresse un de ses vrais sourires. Ça me rend tellement heureuse, de le voir ainsi, avec un air de ¨désincarcéré¨ ! C'est si gratifiant de le regarder faire des pas de vie dans un autre corps tissé de lumière !

- « On se reverra, non ? » me lance-t-il enfin.

Je contemple sa grande silhouette en transparence au fond du couloir, ses yeux prennent encore plus la couleur du ciel… Il ouvre la porte… et le voilà déjà disparu. Je ne sais où exactement mais on ne questionne pas ces choses-là.

Oh, quel tourbillon ! C'est mon corps qui se plaint et qui est pris de nausées tandis que mon âme est heureuse de ce qui est en train de renaître pour le Passionné.

Je sais bien qu'il y a encore à faire mais… c'est l'histoire de vie des passeurs et passeuses. C'est mon histoire, mon engagement… Veiller à aider jusqu'au bout.

Chapitre XVI

Un si grand voyage…

Voici enfin le récit de trois rencontres que je n'oublierai jamais… Trois rencontres si époustouflantes et ¨grandissantes¨ que je serais bien restée pour toujours dans leur espace. C'était très précisément un soir de Juin 2012 à Québec.

Pour des raisons professionnelles, nous avions prévu un voyage en Himalaya ; un bien beau voyage, à vrai dire, en compagnie de mon époux, bien sûr, mais pas seulement… J'étais plutôt réfractaire à l'idée de me rendre en août en Himalaya… Je faisais de la résistance. Une fragilité de santé, la haute altitude constante avec le passage d'un col à près de 5000 mètres et aussi un important groupe de personnes en charge… Donner de véritables conférences et présider à des rituels du matin au soir en haute montagne à la frontière du Tibet, cela me semblait trop pour ma résistance.

Alors non, je n'étais pas décidée à m'y rendre et j'avais même annoncé à Daniel que je ne s'y serais pas, qu'il faudrait qu'il parte seul... à moins d'un miracle. Oui... seul une sorte de miracle pourrait me faire changer d'avis pour participer à une telle expédition qui nous demanderait beaucoup d'énergie et qui serait loin de ressembler à des vacances.

Ce soir-là, je m'étais donc assise en lotus pour méditer, un peu chagrine - mon côté bélier - pour m'isoler et réfléchir malgré tout à la question, en fait pour me sauver de la situation...

Trois minutes plus tard, j'avais déjà ¨quitté ¨ ce monde...

Ceux qui ne s'intéressent pas à la culture de l'Himalaya ne connaissent pas nécessairement Babaji, un ¨*Mahavatar*¨, un immense Instructeur spirituel ayant transcendé toutes les lois de la Matière et vénéré dans l'Inde entière. Quant à moi, au fil des années, j'en avais fait un Guide de chaque instant au même titre ou presque que Jésus, le compagnon quotidien de mon amie Jeanne durant ma jeunesse. Babaji, dont j'avais toujours senti qu'Il n'était jamais bien loin a sans doute perçu mon état. Cela peut paraître prétentieux d'affirmer une telle chose mais le propre des Êtres Réalisés c'est qu'Ils nous donnent toujours la sensation d'être au cœur de leur attention alors qu'Ils veillent simultanément sur des millions de personnes.

Ce soir-là donc, dans mon ¨lotus de bélier¨, il advint que Babaji est bel et bien venu me chercher… Il est venu… Je vous l'assure ! Un peu innocemment, sans doute, je L'avais appelé par un *mantra* que je répétais intérieurement, en boucle… Très vite, Il est venu à ma rencontre, provoquant instantanément chez moi une sortie de corps sous le coup de sa présence vibratoire. Sans la moindre hésitation ni le plus petit questionnement je L'ai suivi…

Babaji m'attendait en souriant dans un espace indéfinissable. Aussitôt, il s'est placé horizontalement comme pour voler tandis que moi j'étais derrière lui… Alors tout a commencé, je l'ai suivi à une vitesse incroyable à travers des cieux qui n'en finissaient pas de se révéler… Je ne me suis pas posé de questions car cela me paraissait tout à fait naturel et c'était tellement bon de voler comme des aigles… surtout avec Lui !

Sans plus attendre, Babaji m'a fait survoler une multitude d'endroits que je n'avais jamais vus et que je n'identifiais pas, des routes sinueuses toutes de poussières et de roches, peu d'herbes et des constructions à l'architecture teintée de rouge carmin…

Je sentais le souffle vif du vent sur mon visage et l'odeur de la rocaille montait en moi… Il y avait des voix qui résonnaient alentours, des bruits de vie.

Mais ce que j'éprouvais était de plus en plus étrange et déstabilisant... C'était comme si Babaji m'avait incorporée tout en se dédoublant pour rester malgré tout ¨en Lui-même¨. Il est difficile de décrire un tel état... Je percevais très lucidement le dedans de ma tête et celui-ci était devenu hyper lumineux. J'étais moi mais avec Lui et Il était en moi avec moi...

D'en-Haut, quelque chose de ma réalité pouvait cependant m'observer car je voyais mon propre crâne ouvert comme un lotus offert au soleil. C'est là que j'ai perçu Babaji, comme ¨une peau double¨, à l'intérieur et à l'extérieur de moi.

Nous continuions à voler puis, à un moment donné, Il a ¨écarté¨ le ciel d'un large mouvement du bras ainsi qu'Il l'aurait fait d'un rideau... comme s'Il ouvrait une dimension parallèle révélant un autre monde. C'était presque trop car simultanément ma tête ''explosait de lumière''.

Enfin, tout s'est arrêté. Nous venions d'arriver debout au beau milieu d'un chemin rocailleux. Lui, Il avait pris son apparence de jeune adolescent souriant, celle sous laquelle il aime souvent se présenter... Quel sourire inimitable mettant en évidence les fossettes de ses joues ! Quant à ses yeux, ils m'apparurent tel du velours noir, deux yeux tendres traduisant un regard analogue à celui que ma mémoire conserve du Maître Jeshua !

C'est alors que Babaji a tout à coup ouvert une nouvelle fois le voile du ciel. Coup de tonnerre silencieux dans mon cœur... Devant moi, Il venait de susciter la présence de mon père décédé... J'avais tout particulièrement tourné mes pensées vers celui-ci en début de soirée car, intuitivement, je sentais qu'il était désormais entré dans une autre dimension de son *Kamaloka*, celle où l'âme se détache davantage de son existence d'avant... celle où il était ¨mon papa¨. Et je vous assure qu'à seulement l'écrire ici, j'en pleure encore tant c'était intense et vrai...

Hors de ma chair, dans je ne sais trop quel espace de ce qu'on appelle parfois ¨l'Astral¨, je pleurais à chaudes larmes... Je n'étais plus guère qu'une rivière de gros sanglots tandis que je voyais papa arriver, émergeant de son ¨Paradis¨ à lui, tout de lumière orangée. Oui, je l'ai vu, totalement rajeuni, et j'ai senti le baiser qu'il offrait à mon front tout comme j'ai également vu sa longue main avec son alliance d'or se poser sur ma tête alors qu'il me disait : « Ma fille... je t'aime... »

Notre contact a dès lors commencé à s'estomper. Pour le mieux de ce qui devait être, Babaji venait à nouveau de m'appeler à Lui en faisant un simple signe de la main dans le ciel... J'ai encore aperçu mon père un bref instant. Il s'éloignait sur un sentier aux couleurs de l'aube tout en me souriant, la tête tournée légèrement dans ma direction...

D'un autre mouvement du bras, très large, Babaji a alors aussitôt ''joué'' avec le Temps ; nous avons encore volé ensemble dans la lumière et je suis arrivée à une très grande vitesse au-dessus des rives d'un lac… C'était celui de Tibériade, je l'ai reconnu sans la moindre hésitation. Le souvenir de son atmosphère et de sa clarté bleue était gravé en moi… mais le lieu où posions nos âmes n'était pas n'importe lequel… Nous étions à Bethsaïda ! J'y ai ''atterri'' à genoux. Je ressens encore la fulgurance de mon arrivée au sol, le corps basculant vers l'avant…

C'était tout à coup mon village, celui des bords du lac, le mien… et je me trouvais face au Maître Jeshua, là-bas… Il était là… Il savait que j'arrivais. C'était à la fois fou et tout à fait "normal", logique… Alors, alentours, j'ai reconnu les gens de ce temps-là… J'ai aperçu Simon, le fils du potier ainsi que mes Sœurs aimées, Myriam, Jacobée et d'autres… J'ai vu mes longs cheveux noirs qui tombaient par mèches sur mes épaules et ma pauvre robe de lin avec les nœuds de son tissage… Enfin, j'ai senti mes larmes toute chaudes rouler sur mes mains et le sable rugueux glisser entre mes doigts… Et puis Jeshua, Jeshua qui était toujours là, devant moi, les pieds posés devant mes mains crispées au sol.

Je n'oublierai jamais qu'Il s'est alors penché, qu'Il a pris mon menton et m'a dit en Araméen : *« Relève-toi, Shlomit, redresse-toi… »* Ses mots étaient si tendres ! Je comprenais tout tandis qu'Il déposait ce qui devait être un peu de myrrhe et d'oliban sur mon cou et dans ma nuque. Puis Il a enfin placé Sa main sur mon crâne et sur mon cœur… Oh… le claquement de sa langue sur ses dents… Je n'ai plus vu que sa bouche, sa barbe, son nez… son regard tendre doré qui irradiait des perles de soleil…

Il a alors commencé à m'enseigner par des mots simples tout en me donnant toutes les raisons du monde pour que je poursuive sans relâche un chemin d'Amour sans fin.

Ensuite tout est devenu flou tant je pleurais… Je me suis réfugiée parmi les odeurs des herbes et dans le bruit de l'eau… J'en étais certaine, j'étais de retour chez moi, mon véritable chez moi ! C'était la fin du jour, le soleil était couché et la lumière montait des eaux du lac comme les nuits de pleine lune. Un instant qui s'est étiré et où j'ai vécu au cœur d'un nuage d'amour et de bien-être.

Puis m'est apparu Swami Prémananda, un autre grand *Avatar* de l'Inde de notre temps qui n'est aujourd'hui plus parmi nous. Qui avait-Il été ? Pourquoi était-Il là, lui également, sur les berges du lac, à me sourire ainsi ? Ses deux bras puissants se sont tendus vers moi…

C'est alors que j'ai réalisé que je tenais une belle robe de lin immaculé dans la main droite… Elle était semblable à celles que je savais qu'on portait autrefois à Qumràn, durant les cérémonies esséniennes. Avec elle, je me suis dirigée vers Swami Prémananda. C'est seulement à cet instant que j'ai remarqué qu'Il avait l'apparence de sa vie présente en Inde ; Il était vêtu du drapé de soie rose fuchsia qu'Il affectionnait tant et me souriait toujours et tout en m'attirant à lui.

En l'appelant par son nom de ce temps-là, un nom dont je n'ai pas souvenir, je lui ai dit : *« Merci de me l'avoir apportée ! »*.

Swami Prémananda m'a alors prise entre ses bras dans un grand élan de tendresse et m'a bercée contre son cœur ainsi qu'on consolerait une enfant qui a trop de chagrin… Sa tête était appuyée fortement contre mon visage… J'ai senti les poils de son torse et son souffle, ses mains solides jusqu'au moment où Il a cessé de sourire et m'a fait assoir au sol.

Il tenait au bout de ses doigts un de ces œufs de pierre aux vertus sacrées qu'on nomme *lingam*. Celui-ci avait des reflets d'un azur argent très, très pâle, rappelant ceux de la pierre de lune. Il était aussi légèrement tacheté de rose… Il l'a placé au sommet de ma tête et j'ai immédiatement senti la pierre pénétrer mon cerveau. Sous la pression continue de la main de Swami Prémananda, le *lingam* produisait une espèce d'onde relaxante qui m'a semblé œuvrer en boucle. Elle détendait tous les muscles de mon visage, de mon cou, de mon corps… telle une eau divine circulant en sens horaire autour de mon visage. Jamais je n'avais connu cela, c'était si caressant et doux…

J'ai osé regarder Swami Prémananda qui demeurait placé face à moi… Il avait le visage grave, comme s'Il m'opérait… J'ai alors eu la sensation aigüe qu'Il glissait sous la peau de mon front son *lingam.* J'ai vu celui-ci semblable à une larme de cristal d'un bleu rosé qui inondait *ajna*, la zone de mon troisième œil… Je l'ai perçu sous ma peau telle une bosse. C'était tellement sensible !

J'ignore pourquoi Il l'a glissé là, au centre de ma tête entre mes yeux comme s'Il voulait qu'il s'y fixe… Durant cet instant ¨suspendu¨ je me souviens m'être demandée si je pourrais survivre avec un tel œuf de pierre dans mon crâne. Il rayonnait et pulsait entre mes yeux… Je l'ai entrevu tel un cristal de lune ou un quartz rose. Je ne sais pas… mais j'étais apaisée, silencieuse et recueillie, soulagée du fardeau de ma peine impossible à nommer.

Babaji, qui était demeuré en retrait un peu plus loin sur un monticule sablonneux, m'a à nouveau fait signe… Une fois de plus, Il m'a ''transportée'' en Lui - je n'ai pas d'autre mot - puis je me suis retrouvée douloureusement dans mon corps, en position du lotus, sur le divan de mon salon… devant une bougie crépitante…

Environ une heure de temps terrestre avait dû s'écouler… Il m'a fallu au moins cinq minutes pour pouvoir bouger mes doigts tellement mon corps était inerte. Au fond de moi, je souhaitais n'être jamais revenue… Pourquoi avait-il donc fallu ?

Le mois d'août est finalement arrivé… Toujours emplie de ces instants de Lumière et face à l'évidence criante du ¨miracle¨ que j'avais demandé, je me suis donc rendue ¨sans grincer¨ dans l'Himalaya, plus précisément au Ladakh, tel que prévu par notre voyage. Un voyage saisissant, inoubliable…

Et puis un jour, vers la fin de notre périple, il nous a fallu monter sur les hauteurs de la modeste ville de Leh. À l'issue d'un sentier escarpé trônait un temple bouddhiste appelé *Chamba Lhakhang*, en partie consacré à *Maitreya* dont on dit qu'il sera le futur Instructeur de notre humanité.

Tout à coup, après m'être courbée afin de franchir le seuil étroit et bas de l'antique construction, j'ai vu un homme à la longue chevelure brune, vêtu à l'occidentale, m'emboîter discrètement le pas puis me contourner pour aller paisiblement s'assoir en un parfait lotus sur une sorte de banc de pierre dans la demi-obscurité du fond droit du temple. Mon époux et moi nous nous sommes lancé un bref regard… Je n'étais pas seule à avoir remarqué sa singularité et l'état de profonde méditation qu'il paraissait avoir immédiatement atteint. Son buste se balançait légèrement d'avant en arrière…

Interpellée, j'ai voulu m'en approcher et peut-être prendre respectueusement un cliché afin de témoigner du sacré de l'instant. Impossible… ma main ne voulait pas m'obéir et on aurait dit que mon appareil cherchait à s'en échapper. J'ai malgré tout pu faire deux ou trois pas vers l'inconnu dont mon âme me répétait de façon insistante qu'elle Le connaissait…

Et puis soudain, Celui-ci a relevé la tête et m'a regardé droit dans les yeux. Je ne sais si mon cœur a alors arrêté de battre ou a explosé d'Amour. C'était Babaji… et mes pieds étaient rivés au sol.

Depuis ce jour, souvent, avant de m'endormir, je sens ses yeux, comme ceux de Jeshua de Bethsaïda se déposer dans les miens, bénis par le sourire puissant de Swami Prémananda…

*

Certains auront peut-être été surpris de découvrir ici ce témoignage particulièrement personnel et d'une nature tout autre que les précédents. Il y a plusieurs raisons à cela…

La première est que cet ouvrage n'est pas exclusivement consacré à l'aide aux défunts durant leur transition mais à une meilleure compréhension de l'univers de l'Invisible à travers ses multiples expressions.

La seconde est qu'il m'a paru logique car enseignant de proposer un ¨contre-poids¨ à mon difficile récit consacré à la ¨bête aux yeux rouges¨. S'il est juste de ne pas omettre l'existence de l'Ombre, il l'est tout autant de rappeler celle de la Lumière et pas seulement sur les différents plans du Kamaloka mais dans un contexte plus élevé, c'est-à-dire qui permet de transcender l'Espace et le Temps.

Il ne s'agissait évidemment pas de ¨me raconter¨ au cœur d'un vécu très intime - il en existe d'ailleurs forcément d'autres, similaires, expérimentés ici et là par des chercheurs de vérité - mais de rendre compte de façon sensible de l'ampleur des expansions possibles de la Conscience dès lors que l'Amour est notre moteur quotidien.

La troisième raison est qu'il me paraît capital de comprendre la nature illusoire de ce que sont pour nous le Temps et l'Espace. À un certain niveau d'approche de Ce qui Est, le mot ¨Invisible¨ perd en effet tout son sens puisque que le dense et le subtil se confondent. Il est complexe d'expliquer rationnellement une telle perception, une telle conviction. En ce qui me concerne, je suis persuadée que l'ascension progressive de notre conscience vers une Supra conscience nous révèlera que ce qui est pour nous la Matière dense n'est pas plus tangible que celle que nous qualifions de subtile. Rien n'est figé et tout est illusoire. Il nous faut ¨gouter¨ à un certain état d'Amour pour nous en rendre compte.

Depuis cet incroyable vécu dont je n'ai jamais pu parler à mes proches, hormis mon époux, je ¨sais¨ du dedans que le soi-disant Passé est Présent quelque part dans l'Infini, que tout se touche dans l'Univers en se riant des distances, puis que la vie et la mort sont différents aspects d'une même Réalité. Et je ¨sais¨ enfin que tous les chemins du Cœur convergent vers un Unique Point inexprimable... qu'on appellera du nom qui nous convient !

Quelques questions
et
leurs réponses

Qu'en est-il de l'incinération ?

La question de l'incinération - en opposition avec celle de l'ensevelissement ¨classique¨ - m'est très souvent posée. Pour beaucoup, elle pose problème car elle vient troubler une tradition occidentale souvent plusieurs fois millénaire. C'est d'autant plus vrai que dans les grands centres urbains la pratique de la crémation devient incontournable en raison du manque de place dans les cimetières.

Pour ma part, je comprends fort bien ceux qui s'interrogent car la grande majorité d'entre nous a généralement été éduquée selon le postulat qui voudrait que l'être humain soit assimilé à son corps… On aime avant tout une présence avec son visage, ses aspects et sa personnalité, même dans le cas où l'existence de l'âme est acceptée. Une sorte d'incohérence qui place la forme avant l'essence, bien sûr, mais une incohérence qu'il nous faut respecter car elle traduit un attachement affectif et une sensibilité émotionnelle tout à fait compréhensibles.

Cette attitude incite naturellement à vouloir qu'il reste quelque chose de tangible du défunt, sa dépouille sous terre, un lieu pour se recueillir et se souvenir. Ce quelque chose n'existe évidemment pas - ou de façon minime - avec la nature quasi impalpable des cendres, parfois éparpillées, après une incinération.

Je comprends donc les hésitations, les craintes et les refus… Cependant, le cœur de la question ne réside pas là. Ce qui doit nous préoccuper c'est ce qu'il en est sur le plan de l'Invisible. Entre l'incinération et l'ensevelissement y a-t-il un choix à privilégier idéalement ? Cela change-t-il quelque chose pour l'âme ?

En réalité, non. Lorsqu'un vêtement est usé, il se désagrège et retourne à la Nature, que ce soit par la terre ou le feu. Seule la rapidité du processus varie. Par essence, l'âme elle-même n'est donc en rien affectée ; elle poursuivra son chemin dans l'Au-delà…

Il faut néanmoins savoir que, par respect pour elle, puisqu'elle demeure consciente de l'autre côté du Portail, il est juste de se conformer à ses dernières volontés, à son souhait si elle en a émis à ce sujet.

Cela bien sûr dans les limites du possible. Le non-respect de ce souhait peut en effet freiner un peu son dégagement de notre monde comme sous l'effet d'une ¨contrariété¨. Ce terme peut surprendre mais n'oublions pas que sur l'autre versant de la vie, chacun de nous demeure identique à ¨lui-même¨ dans le *Kamaloka* qui lui correspond, tout au moins dans un premier temps, avant que le cours de l'évolution ne se déroule.

Le problème de l'incinération ou de l'ensevelissement n'en est par conséquent pas vraiment un et il n'y a pas de raison valable de se focaliser sur lui.

Je dois dire par ailleurs que je n'ai jamais été contacté par une âme ni en avoir guidé une pour laquelle l'incinération ait constitué un blocage. Tout au plus, je l'ai perçue comme un ¨regret¨ chez quelques défunts qui, en fonction de leur personnalité, auraient aimé laisser une trace plus tangible de leur passage sur terre. À ce titre, mon récit consacré au ¨Passionné¨ en fournit l'exemple. On peut bien sûr estimer qu'une urne, enterrée ou non, peut constituer une marque concrète.

D'une façon comme d'une autre, je peux assurer qu'il n'y a rien de dramatique ni de contraire à l'élévation de la conscience dans la façon dont son vêtement de chair est rendu à la Nature.

*

Que penser des rites funéraires ?

À une époque où on a tendance à vouloir se débarrasser des traditions et des rituels de toutes les cultures, qu'elles soient religieuses, spiritualistes ou autres, il est également inévitable pour beaucoup de se questionner quant à l'importance que peuvent avoir les cérémonies funéraires. Une telle préoccupation ne concerne d'ailleurs pas seulement le défunt dans la transition qui est sienne mais ses proches.

En fait, elle revient à entâmer une réflexion sur le rôle que joue un rituel. À mes yeux, un rituel a en premier lieu une fonction d'enracinement puisqu'il relie ceux qui le vivent à une sorte de cordon ombilical culturel et affectif qui prend ses racines dans le passé, parfois très lointain.

Simultanément à cela, la cérémonie qui en découle se fait tout naturellement rassembleuse donc fortifiante et consolatrice. Elle soude une communauté de pensée et de sensibilité.

Ne serait-ce que par cela, une cérémonie funéraire me paraît importante et même nécessaire tant par la ¨communion d'esprit¨ qu'elle fait naître dans le cadre d'un cercle familial et amical que par l'hommage qu'elle représente pour celui ou celle qui nous a quittés pour un temps. En fait, il s'agit de l'émission d'une onde de respect, d'affection et d'amour dont la qualité et la puissance, si elle est sincère, engendrera une forme-pensée, autrement dit un réservoir énergétique aimant qui aidera le défunt dans son dégagement de l'attraction terrestre.

On voit donc que loin de se limiter au cercle familial et amical, une cérémonie funéraire, même très simple et hors d'un contexte religieux précis, revêt une importance non négligeable pour l'âme qui s'envole... Et s'envoler sur ce qu'on pourrait appeler une ¨impulsion cardiaque¨ ou un souffle d'amour, c'est bénéficier d'un élan propulseur vers des horizons lumineux. C'est se faire ouvrir plus largement un chemin vers une nouvelle demeure.

Vous aurez sans doute noté que j'ai écrit ¨une cérémonie même simple et hors d'un contexte religieux précis¨... Ceci n'implique pas une certaine froideur pour autant, ce que j'ai parfois remarqué dans des offices qui se voulaient strictement civils. Dans la vie de chaque jour, lorsqu'on passe une porte, il est d'usage de prononcer un ¨aurevoir¨ accompagné d'un sourire. Celui-ci renouvelle ou prolonge une sorte de trait d'union entre plusieurs personnes. C'est cela aussi qui fait l'humain.

Aimons-nous, par ailleurs, quitter quelqu'un sur une dispute ou une rancœur? Je ne le crois pas... Alors la cérémonie funéraire, quelle qu'elle soit, pourra être l'occasion d'un éventuel pardon offert, demandé et même l'espace d'une réconciliation. Il n'est jamais trop tard. Pensons à tout cela et aux conséquences apaisantes que cela entrainera dans l'infini de nos vies...

Mais pensons aussi à ne pas imposer un rituel de nature religieuse avec ses prières et ses pompes ou même globalement spiritualiste à qui n'en voulait vraiment pas. Un aurevoir sincère et quelques belles paroles seront toujours reçues avec bonheur comme un ¨mot de passe¨ libérateur et une main tendue entre les mondes.

Avant de conclure cette réflexion qui, je le reconnais, pourrait être largement développée, il me faut encore aborder l'aspect ¨décorum¨ d'une cérémonie funéraire, c'est-à-dire celui créé par les fleurs et la musique…

Là également, il existe aujourd'hui une sorte de ¨mode¨ qui veut plaider pour une sobriété extrême, autrement dit pour un ¨refroidissement¨ de la cérémonie, sa mise en ¨gris, noir et blanc¨, l'aplatissement ou le nivellement par le bas de sa dimension affective et consolatrice.

De façon générale, l'accompagnement musical d'une cérémonie funéraire est accepté par tous. Encore faut-il qu'il corresponde un minimum à la sensibilité du défunt plutôt que privilégier les goûts des organisateurs. Celui qui prend son envol doit toujours demeurer au centre des préoccupations. Il m'est arrivé de participer à des funérailles civiles totalement dépourvues d'accompagnement musical, comme si celui-ci devait être uniquement l'apanage des offices religieux. Cela me paraît être un non-sens et j'ai constaté que le défunt, la plupart du temps présent près de son urne ou de son cercueil, en éprouvait une certaine peine parce que la musique, si elle est adéquate, peut et doit jouer un rôle d'ascenseur. Attendrir l'âme est une de ses fonctions. C'est souvent elle qui permet non pas d'assister à une cérémonie mais d'y participer, ce qui est très différent, vous en conviendrez.

Quant à la présence de fleurs, de nos jours les avis divergent de plus en plus.

Certains d'entre nous considèrent en effet qu'on ne doit pas couper de fleurs pour en faire des bouquets, des gerbes ou des couronnes sous prétexte que c'est du gaspillage, que cela pourrit inutilement et qu'il vaut mieux laisser des fleurs ¨en vie¨ et de ¨rediriger¨ leur coût vers quelque chose de plus utile.

C'est une façon de voir qui se respecte. Je peux cependant vous affirmer que l'extrême sobriété que cela induit nécessairement - sauf évidemment si elle est conforme aux souhaits que le défunt a formulés - est loin d'être bénéfique à ce que vivent la plupart des âmes en partance. Les fleurs ont par nature une fonction sacralisante au sens non pas religieux mais universel du terme. Dans les mondes subtils, elles sont perçues comme une fragrance noble, une substance ascensionnelle au même titre que l'oliban ou la myrrhe. Au-delà de la beauté qu'elles incarnent, elles sont ressenties comme l'expression de l'amour, de l'hommage et de l'union. Derrière le décor esthétique qu'elles créent, leur présence subtile nourrit donc à sa façon la forme-pensée que j'ai évoquée plus haut. Elle en renforce la fonction élevante. Et je dois dire à ce propos, même si cela paraît être un lieu commun, que les roses occupent dans ce rôle une place de premier plan…

Est-ce une vue de l'esprit conditionnée par une tradition sans fondement? Je ne le pense pas car les plantes ¨spécifiquement à fleurs¨ occupent une place à part dans le règne végétal, un univers qui est doté de sa Conscience à lui et dont les fleurs sont la quintessence.

La Conscience collective - et par conséquent indifférenciée - qui les habite est de ce fait investie d'une mission pleinement acceptée qui ressemble à une offrande, à une ¨bénédiction par le Beau¨. Il ne s'agit pas là de superstition, de délire mystique ni d'une vague croyance mais d'une connaissance intime de certaines particularités de la Nature.

Dans ce cadre, on parle bien sûr de mesure et non pas d'un débordement floral, faute de quoi l'idée d'un vain gaspillage se justifierait… L'harmonie est toujours au cœur de l'équilibre.

*

Quelques paroles inspiratrices

Il m'arrive régulièrement de recevoir des messages de personnes qui me demandent des conseils quant aux hommages à offrir aux défunts lors d'une cérémonie funéraire. Leur question est de savoir s'il existe des sortes de modèles dont elles pourraient s'inspirer. Je comprends ce type de préoccupation parce que tout le monde n'est pas capable de s'extraire des phrases de convenance pour trouver des mots justes et significatifs dans des circonstances où l'émotion prend souvent le dessus, qui plus est face à une assemblée.

Il m'a donc paru intéressant de vous proposer ce petit texte - très ouvert - à titre de base d'inspiration invitant familles et amis à une réflexion générale qui puisse mener à une élévation de la conscience. Il n'y est pas question de l'adhésion à telle ou telle foi mais seulement d'espoir. L'âme du défunt y est aussi directement sollicitée dans son principe le plus ascensionnel.

Il ne s'agit évidemment ici que d'un modèle possible parmi beaucoup d'autres et qu'il convient d'adapter à chaque cas en y ajoutant les éléments les plus personnels qui viendraient à l'esprit…

« La mort… S'il y a bien un mot qui fait frémir l'ensemble ou presque de notre humanité, c'est celui-là.

On le prononce un peu froidement quand on le considère de loin, c'est-à-dire quand il concerne ceux que nous ne connaissons pas… Et puis voilà que, tout à coup, il vient nous secouer et nous ébranler lorsqu'il s'agit d'un proche, d'une personne aimée, d'une mère, d'un père, d'une grand-mère, d'une sœur, d'un ami…

On a peine alors à regarder en face ce qu'il signifie. Et c'est normal parce que la plupart d'entre nous, dans notre monde occidental, ne se sont jamais vraiment posé la question de savoir et encore moins de comprendre ce que la mort veut réellement dire et enseigner.

Je dis bien ¨vraiment¨ se poser la question, en profondeur, au-delà des vagues croyances ou incroyances qui sont davantage le résultat de quelques conditionnements de la pensée que le fruit de réflexions et de méditations. Il faut le reconnaître.

Et pourtant... Nous sommes tous ici rassemblés dans un lieu (de culte) comme si, malgré tout, je veux dire malgré notre monde si métallique et si voué aux dogmes d'une science froide qu'il croit pouvoir ¨tout démonter¨...

Oui, comme si, malgré tout, ¨quelque chose en nous¨ voulait espérer. Ou plutôt même comme si ¨une part de nous¨, la plus intime, celle qu'on n'avoue pas, savait que l'espoir n'est pas un vain mot planté dans le vide parce que rien de ce qui fait la vie ne peut s'arrêter.

Non, la mort n'est pas la défaite de la vie !

La vie ne s'arrête pas avec la mort... Elle ne fait que se transformer, se révéler à une autre dimension et cela qu'on se dise croyant ou non, qu'on se plaise à argumenter ou non.

C'est la Nature elle-même qui nous le montre subtilement.

Le soleil, si indispensable à chacun de nous, meurt-il lorsqu'il disparaît de nos yeux à l'horizon chaque soir ? Bien sûr que non, on ne se pose même pas la question... Il réapparaît dans notre dos le lendemain matin.

Il est la vie. Il ne s'éteint pas. Il éclaire toujours ¨quelque part¨.

Et aujourd'hui, en pensant à .... je me dis qu'il (elle) l'a suivi, ce soleil, tout au moins dans son essence... Parce que son propre soleil à lui (à elle), celui de sa conscience profonde, au-delà de l'oubli, en a reconnu la Présence en son cœur et a su que c'était l'heure de le suivre vers un autre horizon pour ne plus tourner de façon épuisante au rythme du nôtre.

Je n'ai pas encore prononcé le mot âme... mais soyez pourtant certains que c'est lui qui a le secret de cette compréhension... car, en effet, contrairement à ce qu'on nous inculque, nous ne sommes pas un corps qui est doté d'une conscience qui s'éteindra un jour comme une batterie au lithium.

Nous ne sommes même pas un corps qui a une âme mais... une âme qui emprunte un corps le temps d'une vie, une âme qui jamais ne pourra s'éteindre.

Une Flamme, un Souffle infini parce que fait d'Amour.

Bon voyage, ...

Nous nous retrouverons... Le rendez-vous est déjà pris, hors du temps.¨

*

Pouvons-nous nous préparer à notre propre départ ?

Et pourquoi pas ? La mort n'est en rien contagieuse. En parler, s'y préparer, est simplement une marque de sagesse et je dirais même d'intelligence basique car s'il y a bien une chose dont nous sommes tous certains sans exception, c'est de devoir un jour ¨faire nos bagages¨ pour une autre réalité. Se détourner de cette évidence et de tout ce qu'elle implique n'est ni plus ni moins que le signe d'un déni. Une attitude qui nous renvoie, par exemple, au témoignage que j'ai consacré antérieurement à Yves.

Il n'y a rien de sinistre ou de funeste à penser régulièrement au grand Portail que nous devrons franchir car, dans les faits, cela équivaut à une sorte d'entraînement mental, émotionnel et affectif sinon spirituel à la métamorphose qui nous appellera inévitablement.

Il me semble qu'il est grand temps de soulever ce point majeur dans notre société pour la rendre plus adulte qu'elle ne l'est. La vue incessante de milliers de morts sur d'autres continents ne dérange pas bien longtemps notre confort tandis que les meurtres hyper violents dont on nous abreuve dans la plupart des films ne nous font même pas frémir puisque nous nous persuadons que rien de cela ne nous concerne vraiment puisque tout est virtuel à la surface d'un écran.

Et pourtant… en abordant pour une raison ou une autre le sujet de la mort, il arrive très souvent qu'on me réponde : « Oh, ne me parle pas de ça. Je n'en ai pas envie, ça me fait peur… » Et souvent on ajoute comme pour clore une conversation qui n'aura jamais lieu : « J'aurai toujours le temps d'y penser quand ça arrivera. Je ne suis pas pressé ! ». Quant à moi, je me retiens toujours de faire remarquer que si tout le monde veut ¨aller au Paradis¨ personne, bizarrement, ne veut mourir…

Une incohérence de plus qui relève du domaine de l'ignorance et de l'attachement de la majorité d'entre nous à cette ignorance.

Alors oui, apprenons à penser régulièrement à notre départ. Apprivoisons-le paisiblement, dédramatisons-le car, je le répète, si les souffrances qui le précèdent éventuellement peuvent légitimement être sujets à tracas, la mort en elle-même n'existe pas en tant que telle. Et elle existera d'autant moins qu'on aura pris l'habitude de regarder derrière son masque pour nous y retrouver dans notre réalité fondamentale. Méditer sur l'instant de notre départ, sur notre envol est un exercice sain qui nous pousse simplement à nous tourner vers notre identité essentielle.

Si la mort, telle que la société nous donne à y croire passivement, porte un masque, convenons que nous aussi nous en portons un. Avoir le courage de le regarder, c'est travailler à la désagrégation progressive de nos peurs... le plus beau défi d'une vie. En vérité, c'est l'apprentissage de sa réinitialisation, de son expansion.

En pensant à ces quelques vérités, François-René de Chateaubriand osait écrire: "*Je m'ennuie de la vie*".

*

Pouvons-nous nous défaire de nos bagages karmiques avant de quitter ce monde?

Bien qu'elle paraisse un peu déconcertante, c'est une question qui revient régulièrement. Elle traduit cependant une certaine naïveté car chacune de nos existences a pour fonction d'alléger notre avance. Tous les chemins que nous parcourons nous servent de bases d'apprentissage; chacune de nos vies est semblable à une classe au sein d'une école dont il nous faut décrypter les leçons au quotidien.

Ainsi, se persuader que l'on va se purifier de tout avant de prendre notre envol dans l'existence présente relève soit de l'inconscience, soit de l'ignorance des lois universelles, soit encore de la prétention... J'ai déjà entendu déclarer «J'en suis à ma dernière vie» avec une assurance stupéfiante. Une annonce qui, par son côté péremptoire, clamait finalement son contraire...

Le chemin est long et il ressemble même un sentier tortueux... Mais je vous l'assure, ce n'est pour autant qu'il faille baisser les bras. À partir du moment où nous nous prenons en main et où nous ne faisons pas *semblant* d'accomplir un itinéraire intérieur, nous fleurissons, nous déployons nos pétales les uns après les autres sans qu'il soit besoin de ¨mesurer¨ notre niveau d'allègement.

Je pense avoir compris que nos vies, quoi que certains en disent, ne sont pas à vivre comme des combats et des défis permanents. Je les vois plutôt dans leur ensemble comme une pelote de laine que nous reprenons à chaque incarnation et dont il nous faut patiemment défaire les nœuds sans en créer d'autres, sachant que tous, sans exception, sont nos créations. Apprendre à vivre au sens le plus juste du terme est effectivement un travail de patience et non pas une course contre la montre.

On n'impose pas les mille vertus de l'amour à une âme à la façon d'une leçon à ingurgiter puis à digérer en vue de ou tel échéancier. D'ailleurs, au bout du ¨compte¨, sans entrer dans des considérations métaphysiques, la notion de temps est purement illusoire.

Autre chose maintenant dont je n'ai pas parlé en évoquant les mondes du *Kamaloka*. La question du ¨bagage karmique¨ abordée ici me paraît s'y prêter davantage dans la mesure à la notion d'un allègement de notre être réside au cœur de notre périple dans l'espace-temps…

S'alléger, ce n'est pas étouffer une mémoire en appelant à ¨l'oubli¨. C'est d'abord regarder en face la nature de ce qui emplit notre sac à dos. Il existe pour cela un espace au sein-même du *Kamaloka* de chacun, un espace mémoriel où il nous est donné de revisiter - souvent en accéléré - tout ce qui a constitué et tressé notre vie afin d'en comprendre l'impact sur autrui et sur nous.

Quelle que soit la nature de cet impact, c'est sans doute l'expérience la plus déterminante qu'il nous soit donné de vivre une fois franchi le Portail de la mort. Elle nous pousse à faire le point sans tricherie possible sur la personne que nous avons vraiment été.

Une rencontre avec soi hors du temps pas toujours confortable mais infiniment purificatrice car tout ce qui est conscientisé représente une pierre de plus pour paver notre chemin ou, si on préfère, une plume supplémentaire pour compléter nos ailes en formation. En quelque sorte, il s'agit d'une micro visite du fichier le plus récent de nos Annales akashiques personnelles.

C'est un vécu que certains d'entre nous peuvent traverser de façon relativement détachée mais qui n'en est pas moins extrêmement lucide et enseignant par l'altitude qui le caractérise. Il contient déjà en lui les germes de ce qu'il nous faudra ¨travailler¨ dans une existence à venir. On comprendra alors facilement que ce ¨passage en revue¨ impartial qui équivaut à un bilan est une véritable initiation au dessein purificateur.

Ce parcours de remémoration me fait penser par certains aspects à une tradition africaine qui se met en place tout naturellement lors d'une cérémonie funéraire. Il m'a été donné d'assister à un tel moment qui a tous les caractères du profondément humain et de l'extrêmement sacré.

La personne la plus proche du défunt fait quelques pas vers lui, reposant dans son cercueil, et tout en le regardant, elle se met à lui parler à voix haute, bien consciente que ce dernier est parfaitement là, près de sa dépouille, et qu'il l'écoute.

La tâche de la personne qui a pris la parole est d'évoquer tous les évènements les plus marquants et surtout les plus heureux de la vie que vient de quitter le défunt. C'est un moment qui peut durer assez longtemps, très vivant, très touchant et qui peut même susciter des instants de joie.

C'est aussi un cérémoniel qui est loin d'être anodin. Il a une fonction à la fois consolatrice et purificatrice. C'est un condensé de la force exprimée par une vie, d'un chemin parcouru en même temps qu'un hommage qui se termine implicitement par une sorte de « Maintenant vas-y, monte… tu es libéré ! »

*

Partir avec la maladie d'Alzheimer

Voilà un questionnement qui taraude beaucoup d'entre nous et qui vaut la peine qu'on s'y attarde tant cette maladie sournoise fait des dégâts dans notre société et soulève de multiples interrogations.

En effet, que se passe-t-il pour la personne qui en est atteinte lorsqu'elle quitte ce monde ? Retrouve-t-elle la pleine conscience d'elle-même et sa mémoire une fois qu'elle s'est dégagée de son corps ?

Le sujet est délicat pour moi car il me ramène au départ de ma propre mère que j'évoque au chapitre VII de cet ouvrage avec ¨Un lampadaire sous la neige¨. C'est par conséquent sur la base de mon vécu subtil auprès d'elle que je témoigne ici avec la compréhension qui va de pair.

La première chose que j'ai constatée c'est que la pleine conscience de soi et la mémoire qui s'y rattache ne se reconstruisent pas automatiquement dès l'instant où l'âme s'est dégagée du corps qui l'abritait.

Il y a une logique à cela : de même que la maladie s'est installée progressivement dans un organisme, elle s'estompe peu à peu dans le subtil selon la profondeur de l'atteinte. J'ai cependant remarqué que la guérison s'installe assez rapidement car ce n'est pas la lucidité de la conscience elle-même qui a été touchée par la maladie. Celle-ci est d'ordre cérébral avec la mort d'un certain nombre de neurones.

Il me paraît toujours nécessaire de le rappeler, la conscience - qui est l'une des expressions de l'âme - est extérieure au corps ; elle ne réside pas dans ¨le cerveau¨ ainsi que la science l'a longtemps cru. Celui-ci, avec tout ce qui le constitue, en est le relai avec son potentiel génétique.

Ainsi, l'ensemble de notre organisation cérébrale est analogue à un ordinateur, hyper sophistiqué bien sûr, qui est piloté de l'extérieur par une réalité d'une tout autre nature que lui. S'il advient que l'ordinateur entre en dysfonction pour une raison ou une autre, son utilisateur, quant à lui, n'est pas atteint. Il peut évidemment être ¨perdu¨ au milieu des problèmes qui surgissent dont celui d'une perte de la mémoire du ¨disque dur¨ de son l'appareil, rendant ce dernier inutilisable… mais ce n'est pas pour cela qu'il perdra, en tant que pilote, son équilibre et deviendra amnésique. Il devra se réorganiser, tâtonner, autrement dit avoir besoin d'un peu de temps.

C'est exactement ce qui s'est passé avec ma mère et ce qui se passe aussi, à différents niveaux selon les personnalités, avec ceux qui sont touchés par la maladie d'Alzheimer. On parle donc d'un réveil progressif et paisible des points de repère de la vie qui vient d'être quittée puis d'une restauration de la mémoire.

En cela, je suis infiniment heureuse, en décodant des signes lumineux, d'avoir pu participer tant soit peu au réveil de ma mère en la stimulant à l'aide de quelques paroles. J'ai également eu le bonheur d'avoir pu prolonger cela jusqu'à un certain point où j'ai compris que mon rôle s'arrêtait face à l'arrivée aimante de membres de sa famille depuis longtemps décédés…

*

Les animaux et le Passage

On me pose toujours beaucoup de questions sur l'Après-vie des animaux. Je ne peux pas y rester insensible car à mes yeux ce n'est absolument pas une préoccupation de nature secondaire.

En vérité, c'est un sujet très vaste et difficile à traiter parce que les informations précises sont difficiles à obtenir. Pourquoi est-ce si difficile ? Parce que les animaux ne pensent pas comme les humains, n'ont pas les mêmes concepts qu'eux ni la même approche de la vie et de la mort. En parler nous amène donc facilement à faire de l'anthropo-morphisme. Je vais néanmoins essayer d'éviter ce piège à partir de ce que j'ai éprouvé et observé puisque j'ai toujours vécu entourée de beaucoup d'animaux… Chats, chiens, oiseaux, et maintenant de nombreux ratons-laveurs et écureuils…

Poser la question de l'après-vie des animaux revient implicitement à accepter le principe que les animaux ont une âme… ce qu'un grand nombre de personnes ont toujours réfuté dont des ¨penseurs¨ ayant laissé un certain nom dans l'histoire… Je pense notamment à Descartes qui ne voyait dans les ¨bêtes¨ que des machines capables de reproduire des gestes et juste bonnes à être au service de l'homme. À ses yeux, ¨les bêtes¨ n'avaient ni âme, ni raison, ni ressenti, ni pensées…

Quel écart avec Voltaire qui, quant à lui, écrivait ces mots : ¨*Il ne leur manque que la parole ; s'ils l'avaient, oserions-nous les tuer et les manger? Oserions-nous commettre ces fratricides ?"*

En ce qui me concerne, il n'y a pas d'ambiguïté possible ! Oui, les animaux ont bel et bien une âme, ils éprouvent de sentiments et ont leurs propres pensées, bien évidemment. Il suffit d'un peu de cœur pour s'en apercevoir sans qu'il soit besoin de grandes théories prétentieuses et d'une règle à calcul.

Il faut simplement partir d'un fait incontestable : ils ne sont pas tous, loin s'en faut, au même degré d'évolution... une observation qu'on pourrait d'ailleurs étendre largement au genre humain ! Nul n'est besoin de chercher longtemps...

Cela m'amène à dire que certains animaux sont donc dirigés par une âme-groupe qui les pousse à agir collectivement, par pulsions, par réflexes et mécanismes conditionnés essentiellement orientés vers la continuité de leur espèce. Ces âmes-groupes sont elles-mêmes dirigées par ce qu'on appelle des *Dévas*.

Les animaux qui nous intéressent dans le cadre de ces pages sont plutôt ceux dont l'âme s'est autonomisée ou est en passe de l'être. Ce sont souvent les plus proches de l'humain. Puisqu'ils ont une perception d'eux-mêmes de plus en plus individualisée et autonome, leur conscience génère tout naturellement des mondes à la mesure de celle-ci qui vont constituer leur après-vie.

De façon analogue à nous, c'est là, dans ces sphères vibratoires, qu'ils se rendent après leur mort, des univers qui sont faits d'éléments de la Nature semblables aux nôtres. Il n'y a rien de plus logique puisqu'ils ont partagé avec nous les mêmes décors terrestres.

Ainsi, en voyageant hors de mon corps, il m'est arrivé à plusieurs reprises de me trouver face à un chien ou un chat ¨morts¨ qui avaient été mes compagnons de vie et de les voir gambadant joyeusement dans l'herbe ou chassant innocemment des papillons. Ils étaient dans leur ¨paradis¨, en fait dans leur espace de ressourcement, avant de s'en revenir sur terre pour une autre vie.

Je peux assurer à ce sujet que la réincarnation est effective dans le monde animal. Ils en ont tout aussi besoin que nous - pas à cause d'un karma - mais d'un appel naturel de leur âme à la croissance.

Cela dit, de tels animaux, forcément assez élevés dans l'échelle de l'évolution propre à leur règne, n'ont pas la notion de ¨paradis¨. Ils ont seulement franchi une frontière poreuse qui les fait pénétrer avec harmonie dans la juste continuité de leur existence.

Il existe des sas permettant le passage de leurs univers hologrammiques vers les *Kamalokas* humains et vice versa. La clé autorisant le franchissement de ces sas est tout simplement l'amour et l'attachement qui en résulte.

À ma connaissance, il n'y a pas d'errance des animaux puisque chez eux il n'y a pas la notion de faute. Ils sont tels qu'ils sont dans la vérité et la spontanéité de chacun de leurs instants d'incarnation. Par contre, lorsqu'un animal a été extrêmement proche d'un humain ou d'une famille humaine au point qu'un attachement hors norme se soit développé dans les deux sens, il est fréquent de le voir ¨tourner¨ pendant quelque temps sur les lieux où il a vécu et parmi ceux qui l'ont aimé. Leur ¨dégagement¨ se fait alors progressivement, témoin d'un grand amour partagé.

Mon époux et moi-même avons très récemment vu à de nombreuses reprises la silhouette désincarnée de l'une de nos deux vieilles chattes partie il y a peu de mois venir nous rendre visite. Quant à l'autre chatte, elle a toujours montré de façon explicite qu'elle voyait clairement sa compagne, jusqu'à la suivre d'une pièce à l'autre.

Il faut bénir au fond de nous de tels moments chargés d'émotion et de tendresse car ils sont précieux. N'oublions jamais, comme le soulignait Voltaire, que les animaux sont nos frères et sœurs d'évolution et qu'ils vont dans la même direction que nous.

Nous avons la charge de leur bien-être et de leur développement, ne l'oublions surtout pas !

*

Un témoignage d'Éric Dudoit

Docteur en Psychologie, théologien
à l'hôpital La Timone à Marseille

Catherine, la dernière danse…

Du haut de ses 73 ans, Catherine n'a rien perdu de sa verve et de son autorité de médecin psychiatre, elle a aussi gardé le sourire malicieux de ceux qui ont l'empathie à fleur de peau. Sa famille est là comme souvent, ses fils, sa fille et ses deux petits enfants accompagnés de leurs conjoints.

Cela fait plus d'un mois que Catherine est là, en cette chambre ni belle, ni moche du Service de soins palliatifs de l'hôpital La Timone. Son état général et ses constantes se sont assez vite dégradés car le cancer de sa vessie a métastasé et ses reins sont usés, à la fois par les traitements et par la maladie.

Une douleur constante et forte ne cède pas aux morphiniques, malgré les rotations des opioïdes et tous nos efforts ; elle a mal, très mal et se sent mal. Son beau et doux visage se contracte toutes les deux minutes pour encaisser une charge de douleur qui l'épuise…

C'est sa petite-fille, Sylvie, qui vient ce matin-là me dire que sa grand'mère veut dormir pour l'éternité. Elle est belle cette jeune fille de 20 ans, le visage rond aux yeux noisette, avec de longs cheveux d'un blond foncé ; elle parle vite, trop vite pour moi avec une voix très aigüe. Sylvie a aussi la manie de remonter souvent ses lunettes et de se malaxer les mains comme pour soulager son angoisse.

- « Mamie… Mamie veut tout arrêter », me lance-t-elle en un profond expir.

- « Comment cela ? »

- « Elle est fatiguée et a assez vécu et puis nous, la famille, nous sommes tous d'accord. »

- « Pourquoi alors est-ce vous le porte-parole ? »

- « Ils sont tous mal avec ça mais moi non. »

- « Vous non ? »

- « Ben, je peux comprendre que l'on veuille partir. »

- « Partir ? »

- « Mourir, quoi ! »

- « Ce n'est pas tout à fait la même chose, vous savez. »

- « Oui, je sais… »

Devant l'aplomb de Sylvie et son air un peu hautain, je lui demande :

- « Que savez-vous de la mort ? »

- « Hein ? Mais, la mort c'est la mort… »

- « Et si on ne mourrait pas vraiment, au sens où *quelque chose* resterait au-delà du corps mort ? »

- « Vous m'avez fait peur ! Je vous connais d'internet et j'y avais vu que vous étiez ouvert d'esprit. »

- « Et que pensez-vous alors de ce qu'est la mort ? »

- « Juste un passage, une porte. »

Son sourire se fait plus marqué à l'énoncé de la porte, comme pour me dire qu'elle connaît le titre d'un de mes livres.

- « Oui et ? »

- « Mamie pense aussi un peu comme cela ! »

- « Vous savez qu'en France l'euthanasie n'est pas autorisée... »

- « Non, mais la sédation profonde et continue si ! Et c'est cela que nous vous demandons. »

- « Il faut alors qu'on en parle au staff et dans une réunion pluridisciplinaire pour partager nos avis et surtout en parler avec votre grand-mère. »

- « Nous en avons déjà parlé avec elle puisque c'est elle qui le souhaite. Sinon je ne me serais pas permise de venir vous en parler. »

- « Dans une situation comme votre grand-mère, qui est consciente, la loi pose plusieurs conditions cumulatives pour la mise en œuvre d'une sédation profonde et continue à la demande du patient, dans le but d'éviter toute souffrance et de ne pas subir d'obstination déraisonnable. Il doit notamment être atteint d'une affection grave et incurable. Je vais en informer l'équipe et avoir un entretien avec votre grand'mère ; nous donnerons l'aval de son souhait si nous sommes bien dans les critères demandés par le texte. »

- « Ok, savez-vous quand cela pourra être fait ?

- « Non, je ne le sais pas et la première informée sera votre grand-mère, puis nous reviendrons vers vous. »

J'informe donc l'équipe et nous décidons d'une réunion dans le tout début d'après-midi. Tous les membres présents dans l'Unité de soins palliatifs sont conviés, de la dame qui fait le ménage au médecin. Chacun peut donner son avis sur la question, sur l'état de Catherine, sur son ressenti et sa relation avec elle.

Nous avons donc parlé des morphiniques, de sa maladie qui s'aggrave, de son entourage psycho-social, de son état psychique. A la suite de quoi il est décidé que l'un des médecins aura un entretien avec elle, puis une infirmière et enfin moi. Nous déciderons alors de manière définitive de l'action à mener, afin de s'assurer d'être au plus juste de la demande de Catherine et de l'intention de la loi Claeys-Léonetti de 2016 qui permet la sédation profonde et continue en France.

L'équipe est souvent affectée par ce genre de demandes et certains pensent, sans l'exprimer, que nous avons tendance à nous montrer plus complaisants avec une femme-médecin qu'avec d'autres patients. Des infirmiers estiment, eux, qu'il aurait fallu le faire bien avant car ses gémissements et sa douleur sont intolérables lors des soins.

Ainsi en va-t-il des Unités de soin; la cohésion et l'harmonie sont toujours un travail de chaque moment pour que cela soit - et à vrai dire cela est - bien ainsi car le pire, pour moi, est la pensée unique et ce que l'on entend par «bien» dans notre société normative.

Je suis donc allé retrouver Catherine vers 16 heures pour notre entretien.

La chambre est plongée dans une demi-obscurité et je trouve Catherine toute ramassée sur elle - même dans son lit, ¨comme un tas de chiffons posé dans un atelier¨ ; cette pensée me surprend un peu… Je prends la chaise à côté de son lit et après m'être présenté je m'assois.

- « Bonjour, je viens pour… »

- « Je sais qui vous êtes et ce pourquoi vous êtes là, » me dit une voix rauque et faible, alors que ¨le tas de chiffons¨, prenant vie, laisse apparaître une Catherine qui, avec douleur et souffrance, réussit enfin avec mon aide à s'assoir sur son lit en se calant avec des oreillers.

Mon regard cherche le sien et nous pouvons finir de nous découvrir vraiment dans le silence de la chambre, sans mots et sans artifices.

- « Alors ? me lance-t-elle. Comme une vieille clinicienne chevronnée, elle attend le psy œuvrer.

- « Alors, les mots peuvent-ils recouvrer vraiment cette demande ? » fais-je.

- « Non, mais il faudra y tendre. » Rétorque-t-elle avec un sourire. Catherine était maître de la communication entre nous et je laissais se dérouler cet état de fait.

- « Ainsi, en ce moment les jours sont si durs et amers, qu'il faille endormir cela... »

- « C'est cela, il faut partir maintenant, mourir maintenant ne me fait pas peur. »

- « Et les liens avec vos enfants, avec les amis, la famille ? »

- « Les liens, comme vous dites, sont aussi des liens qui m'empêchent d'être libre, d'être libre de mon destin, ¨capitaine de mon âme¨ aurait dit Mandela. Je suis fatiguée de tout cela, si fatiguée... »

- « Mais qui peut dire qu'il est rassasié de vivre, que son œil a assez vu, que son oreille a assez entendu... » dis-je en paraphrasant le texte de Salomon, le *Qohelet* dans la Bible.

- « Moi je peux enfin le dire, je crois... La voix de Catherine est chaude mais comme usée par l'effort fait sur sa respiration pour échanger ces quelques mots.

Vous savez que la liberté est très chère à mon cœur puisque je vous ai déjà raconté ma vie de psychiatre et de femme en ce monde. Mes combats sociaux, moraux ou familiaux furent ce qui me donna la force de vivre, d'aider les autres et finalement de m'aider moi-même à parcourir cette vie. Nous nous sommes tant rencontrés depuis quelques mois, que voulez-vous encore rajouter ? »

- « Rajouter ? Rien… rien… ou si, la kénose, le dépouillement, pour que nos pas soient plus présents sur le chemin du voyage. »

- « Le dépouillement ? Mais il n'y a plus rien ! » lance-t-elle, véhémente.

- « Si, il y a vous ! Ce ¨Je¨ puissant qui vous condamne à l'impouvoir. »

- « Hum ! Le ¨je¨… »

Le silence s'installe entre nous, longuement. J'attends en respirant en conscience, tranquille, quand une main vient trouver la mienne posée sur ma jambe. Je n'ouvre pas pour autant les yeux, mais je prends cette main dans la mienne et du fond de mon cœur je la chéris. Catherine me regarde, je le sens.

- « Vous êtes bon… je désire m'endormir avec vous, entendre le son de votre voix alors que mes yeux et mes oreilles partiront dans le grand brouillard. »

- « Alors, cela sera… dis-je en ouvrant les yeux, mais il n'y a aura de brouillard qu'à la hauteur de vos certitudes que plus rien n'est ! »

- « Ainsi cela continuera… »

- « Ainsi cela continuera dans la joie et la vie ! Car en fait, jamais elle ne se termine, la vie ! »

- « Oh, je n'ai plus la force de la contradiction universitaire alors j'accepte, j'accepte qu'il en soit ainsi, mais permettez seulement à une vieille dame de vous demander d'être présent. »

- « Je serais là, dis-je doucement en caressant sa main, je vous laisse maintenant vous reposer. »

- « Merci, merci ! *Tu* es un bon clinicien… »

- « Car j'ai appris de mes aînés comme vous et… je sais que vous étiez très bonne ! »

La sédation à proprement parler s'est faite le lendemain matin après avoir consulté toute la famille et l'équipe en son entièreté pour arrêter la décision médicale.

J'ai un peu ¨emporté¨ Catherine chez moi et dans mes rêves, avant de la retrouver au matin avec l'infirmière et la médecin de l'Unité pour poser la seringue.

Il n'y eut pas de mots, la respiration de Catherine était trop dégradée pour qu'elle puisse parler. J'ai pris sa main, nous nous sommes regardés une ultime fois en ce corps et, rapidement, alors que ses yeux se fermaient, j'ai laissé la place à sa famille pour les mots du voyage…

*

La sédation profonde

« L'homme se sent déchiré et séparé. Il lui est difficile de se rendre toujours parfaitement compte de la nature de cette séparation, car parfois il se sent séparé de "quelque chose" de puissant, de totalement autre que lui-même et d'autres fois, il se sent séparé d'un état indéfinissable, atemporel... ».

Mircea Eliade (1962)
Méphistophélès et l'androgyne, Gallimard.

A l'issue de l'histoire de fin de vie de Catherine, plusieurs questions se posent d'un point de vue éthique et épistémologique sur la question d'un possible choix de fin de vie.

Cette possibilité d'une sédation profonde et continue est ce que l'on appelle en France la Loi Claeys-Léonetti. Celle-ci, bien qu'elle soit une réponse pouvant être entendue des pouvoirs publics face à la question grandissante de l'euthanasie dans notre société, n'est cependant pas la meilleure réponse de tous les temps. Car la question de la sédation profonde et continue ne règle pas la question du mourir, ni même du "bien mourir". Elle n'est qu'un épisode dans le chemin de vie de l'humanité.

Voyons brièvement ce que dit cette loi Claeys-Leonetti. En réaffirmant les droits du patient consacrés en 2005, elle rappelle aussi deux grands principes déontologiques : Le refus de l'obstination déraisonnable et l'interdiction de provoquer délibérément la mort. Cette loi ne traite pas de l'euthanasie ni du suicide assisté qui restent à ce jour interdits en France.

Le choix du législateur est clair : « On ne donne pas la mort ». Mais la loi propose une alternative qui permet de répondre aux demandes sans pour autant être dans une euthanasie ; une alternative qui permet de prendre en compte la volonté du patient tout en respectant l'interdiction pénale et déontologique de provoquer délibérément la mort.

Elle rappelle, d'une part, le droit du patient à décider de ce qui relève pour lui de l'obstination déraisonnable et elle consacre, d'autre part, son droit à la mise en place d'une sédation profonde et continue jusqu'à son décès afin d'atteindre une altération totale de sa conscience, associée à une analgésie, prévenant toute souffrance, y compris celle de se ¨voir mourir¨.

Cette demande, encadrée légalement donc, peut être formulée par un patient atteint d'une affection grave et incurable dont le pronostic vital est engagé à court terme et qui présente une souffrance réfractaire aux traitements... ou dont la décision d'arrêter un traitement engage son pronostic vital à court terme et est susceptible d'entrainer une souffrance insupportable. Enfin, la loi systématise la collégialité et autorise la sédation profonde et continue jusqu'au décès.

L'intention première de cette loi reste celle de soulager le patient de ses symptômes de souffrance et non d'abréger sa vie. Elle requière l'avis d'un psychiatre et ou d'un psychologue pour éliminer tout désir suicidaire et possiblement l'avis d'un médecin tiers extérieur à la structure. La demande doit être réitérée par le patient régulièrement et de façon motivée.

Ainsi, mourir sans conscience est un ¨mourir moderne¨, devenu un ¨bien mourir¨, une bonne mort - ou euthanasie - selon une norme sociale qui appelle de ses vœux un état perpétuel de non souffrance. On pourrait alors dire que l'homme moderne est pour ainsi dire enchaîné par ses créations, qu'il est le jouet de ses désirs, qu'il ne se souvient plus de ce pourquoi il est là.

Or, depuis que l'homme est, il n'y a pas de plus grande énigme que le mystère de son ¨Être¨ au monde, de sa conscience et de sa parole. L'homo faber n'est rien à côté de l'homo religiosus. Celui-ci, cet hominidé invoquant sa terreur de l'histoire en ritualisant sa mort, espère ainsi pouvoir en réchapper.

De tout temps et en tous lieux, quelle que soit sa culture, l'homme pose la question de sa finitude, de son rapport au monde et à l'univers. Les questions d'aujourd'hui ne sont que celles d'hier, posées en de nouveaux termes.

Le Qohelet le savait en énonçant sa terrible sentence : « Tout n'est que vanité... Tout n'est que fumée dans le vent ».

Salomon, puisque c'est de lui dont il s'agit, Roi d'Israël, sage devant Dieu, rappelle cette vérité qui nous plonge au cœur de l'énigme :

« Ecce Homo... »

Table des Matières

Ces âmes qui nous quittent

12 récits véridiques venus de l'Au-delà

Marie Johanne Croteau-Meurois
Éditions Le Passe-Monde

On a déjà beaucoup écrit sur la mort et les mondes de l'Après-vie. Il existe toutefois peu d'ouvrages consacrés à ce que vivent les âmes de ceux qui quittent notre monde dans des conditions difficiles, soudaines, parfois dramatiques... Un accident, une maladie dévastatrice, un refus d'espoir en l'existence d'une autre réalité, ou encore un meurtre.

Que se passe-t-il pour elles ? Que traversent-elles et que pouvons-nous faire pour les aider ?

Avec *Ces âmes qui nous quittent*, Marie Johanne Croteau-Meurois comble une telle lacune.

À l'aide de douze récits authentiques, elle partage avec nous son surprenant vécu auprès d'âmes qui ont quitté cette vie dans des circonstances douloureuses et même dramatiques.

Il en résulte ce livre-témoignage poignant, riche en informations, en connaissances et aussi porteur d'une immense compassion.

Une source d'inspiration ainsi que de réconfort et d'espoir pour mieux comprendre le sens de la vie et de ses prolongements.

ISBN ; 978-2-923647-53-1

Le Don du Souffle

De la Galilée à la Camargue,
une disciple du Christ raconte...

Marie Johanne Croteau-Meurois

Marie Madeleine, Salomé, Jacobée... Au-delà de l'image classique forgée par les siècles, on sait peu, en réalité, des véritables évènements et de la Force qui ont porté ces trois premières disciples du Christ à franchir la Méditerranée pour aller vivre et enseigner sur les rivages du sud de la Gaule.

De la Galilée à la Camargue... Le sous-titre de cet ouvrage résume à lui seul l'immense quête de l'Esprit et la Puissance du Souffle qui ont animé ces trois femmes hors du commun, mais très éloignées des ¨Saintes¨ figées par la Tradition. Parce qu'elle nous les fait suivre dans leur traversée d'une mer hasardeuse puis dans leur patiente transmission de l'Onde de Guérison christique à un peuple de simples pêcheurs et de cultivateurs au cœur ouvert, Marie Johanne Croteau répond ici à une multitude d'interrogations et comble aussi un vide historique.

En nous faisant découvrir le culte celtique de Bélisma, la déesse-mère, en perçant le mystère de Marthe dans ce petit village provençal qui deviendra Tarascon, puis en nous contant de quelles façons la Parole christique a été reçue sur une nouvelle terre, ce récit tendre et passionnant est un baume pour le cœur. Par la pénétration précise de la Mémoire du temps à travers le regard de Salomé - Shlomit - l'auteur nous invite ainsi à mieux découvrir la véritable nature du Souffle de Guérison des corps et des âmes. Un Souffle qui, deux mille ans plus tard, vient toujours nous solliciter et nous émerveiller.

Livre thérapeutique par sa douceur et ses données subtiles, œuvre consolatrice, levier de croissance et témoin lumineux dans notre monde de doutes et de peurs, *Le Don du Souffle* nous emporte dans une narration qui, par de nombreux aspects, répond amoureusement à nos appels d'aujourd'hui.

ISBN : 978-2-923647-68-5